UNA VIDA

UNA VIDA

EDNITA NAZARIO

CON LEILA COBO

CELEBRA
New York

CELEBRA
Publicado por Berkley
Un imprimir de Penguin Random House LLC
375 Hudson Street, Nueva York, Nueva York 10014

Copyright © 2017 por Entertainment Unlimited, Inc.
Prefacio copyright © 2017 por Enrique Martin-Morales

Datos de publicación según el catálogo de la Biblioteca del Congreso:

Names: Nazario, Ednita. | Cobo, Leila.
Title: Una vida/Ednita Nazario con Leila Cobo.
Description: First edition. | New York, New York: Berkley, 2017. | Series: Celebra
Identifiers: LCCN 2016052324 (print) | LCCN 2016053035 (ebook) |
ISBN 9780399583001 | ISBN 9780399583018 (ebook)
Subjects: LCSH: Nazario, Ednita. | Singers—Puerto Rico—Biography. |
LCGFT: Autobiographies.
Classification: LCC ML420.N3726 A3 2017 (print) | LCC ML420.N3726 (ebook) |
DDC 782.42164092 [B]—dc23
LC record available at https://lccn.loc.gov/2016052324

Primera edición: Abril 2017

Impreso en los Estados Unidos de América
10 9 8 7 6 5 4 2 1

Fotografías de la cubierta: Omar Cruz
Diseño de la cubierta: por Alana Colucci
Diseño del libro: Tiffany Estreicher

A mi hija Carolina, mi luz e inspiración.
Mi maestra favorita y mi más importante proyecto de amor.

Vale la pena, hija mía.
Y recuerda siempre que la vida sin pasión,
se vive a medias!

Te adoro,
Mamita

AGRADECIMIENTOS

Gracias:

A todos mis compañeros del camino: mi esposo Luis, mi familia, mis amigos, mis músicos, coros, bailarines, técnicos, productores, el mejor equipo y mi familia extendida.

A mis fans, mis seguidores, mis cómplices en ésta aventura que sigue siendo apasionante y hermosa. ¡GRACIAS por TANTO!

A Bruno, por convencerme a contar mi historia.

A Leila, por ayudarme a mirar hacia atrás y hacia adentro sin reservas.

A Chris, por sostenerme en cuerpo y espíritu.

A Raymond, por ser mi hermano y amigo en las buenas y en las otras.

A Ángelo por tu fe y pasión por mí talento.

A mis ángeles Papi y Mami.

Y a mi Dios, mi Capitán, la Luz en mi camino. ¡Por Tí y Contigo, Padre!

A Puerto Rico, ¡mi cuna y mi alma! Soy tuya, tierra mía, orgullosa hija de Borínquen bella.

ÍNDICE

ÍNDICE

PREFACIO
Por Ricky Martin

Desde que tengo uso de razón Ednita ha sido inspiración para nosotros los puertorriqueños. A medida que crecí, Ednita siempre ha sido un modelo a seguir para tantas generaciones de artistas puertorriqueños que hemos luchado por salir adelante dentro y fuera de la isla. Ednita siempre ha sido la «gran dama» que nos señaló el camino, con un espíritu de innovación, tenacidad y entendiendo lo que es la música actual.

He compartido el escenario con Ednita, hemos creado y sobre todo hemos disfrutado cada momento. La memoria más grata que guardo de Ednita es, y siempre será, la esencia de su espíritu. Es un ser de luz y alegría, y me honra hoy ser parte de su historia.

UNA VIDA

PRÓLOGO

Me tomó bastante tiempo decidir si aceptaría escribir un libro sobre mi vida. Aunque me entretiene y en algunos casos me fascina leer autobiografías, escribir la mía no estaba en mis planes. Se me hacía difícil contemplar contar mi historia, no tan sólo la pública, que muchos conocen, sino la otra, la que he protegido y resguardado durante toda mi vida. He sido bastante celosa con mi privacidad y con la gente que la habita. Soy figura pública desde que tengo uso de razón y lo asumo con todo lo que representa, pero invadir los espacios de otras personas que no lo son, nunca me gustó. Por eso siempre respeté y sigo respetando las historias y los eventos que forman parte de mi vida privada.

Supongo que a todo le llega su hora... Consideraba que lo único de valor que podía compartir era mi trabajo, mi paso por los escenarios y el efecto de mi música en la vida de los demás. Todo eso lo comparto aquí. Pero también comparto lo otro, lo que sucedía una vez se apagaban las luces de los recintos, lo que nadie ha sabido hasta este momento.

JUNIO DE 2004

—Miss Nazario, quince minutos.

Estoy en mi camerino en Carnegie Hall, rodeada de gente: mi mánager, mi asistente, mi esposo, mis hermanos. «No te pongas nerviosa», me dicen, pero veo los nervios en sus caras. Todos estamos nerviosos.

El director de escena del teatro golpea en mi puerta.

Lleva puesta chaqueta y corbata, como todos los que trabajan en el Carnegie. No es algo común. Típicamente, en los teatros los directores de escena no se visten así. Pero este no es cualquier teatro. Hay una reverencia al Carnegie que se manifiesta en toda la gente que allí trabaja, desde el aseador hasta el director de escena. Se siente la deferencia hacia este espacio; es evidente. Me siento honrada y un poquito intimidada porque nunca he cantado aquí y es uno de mis sueños hecho realidad. Desde que visité Nueva York por primera vez a los dieciséis años de edad, una de mis metas ha sido pararme sobre este escenario, y en este momento preciso estoy a punto de lograrlo.

—Miss Nazario, quince minutos —dice nuevamente el director de escena.

Son sólo cuatro palabras, pero me sacuden. *Oh, my God*, pienso. Aquí estamos. Es una realidad.

—*Oh, my God* —digo, esta vez en voz alta—. Déjenme sola, por favor. —Y salen todos del camerino porque me gusta concentrarme por lo menos cinco minutos antes de salir a cantar.

El camerino está bello. He pedido flores blancas, como siempre, porque desde que murió mi mamá, tener esas flores blancas en el escenario o tras bambalinas, es una forma de conectar con su esencia. Su belleza y su aroma me tranquilizan y envuelven como una caricia.

Son rosas blancas, y representan a mi mamá. Ella está siempre conmigo, sin importar dónde.

Enciendo mi velita, la que he colocado junto al Niño de Praga, el santo que me acompaña, en todas mis presentaciones y conciertos. Nunca canto sin antes rezarle.

Hoy doy las gracias, gracias, gracias, porque han sido tantas las bendiciones. «No llores —me digo, porque sé que si empiezo a llorar no podré parar—. No llores, no llores, no llores». Pero es una emoción bien grande, pues esta es la tercera pata de una triple corona personal. De una corona que llevo años construyendo. He tenido tres grandes sueños en mi vida: cantar en Lincoln Center, cantar en Broadway y cantar en Carnegie Hall. Sólo me faltaba la última, y aquí estoy. Doy las gracias otra vez porque mi preciado sueño se hace realidad.

Y es que no ha sido fácil llegar aquí. Aún hoy, después de tantos conciertos, de tantas canciones, de tantas horas rendida ante los aplausos del público, me sorprende que con esta música que llevo dentro, he sido capaz de elevarme a alturas inusitadas, pero capaz, también, de caer hasta el fondo del abismo. Nada fue planeado, ni preconcebido. La fama no era mi objetivo. Yo sólo quería cantar, y qué glorioso, qué privilegio ha sido hacerlo.

Pero qué duro, también, todo lo que vino a la postre de mi voz: El amor verdadero que se perdió. El dolor de un matrimonio lleno de engaño y manipulación. La felicidad de quedar embarazada y el trauma de perder a mi primer bebé. El rudo golpe que significó alcanzar el estrellato y, luego, de la noche a la mañana, quedar sin nada: desde mi matrimonio hasta mi último centavo.

Pero me levanté. Y aquí estoy. En Carnegie Hall.

El director de escena vuelve a tocar a mi puerta.

—Miss Nazario, al escenario —dice impasible.

Me aliso el vestido, porque aunque no me gustan mucho los trajes de gala, esta noche llevo uno en honor a tan grandioso lugar. Un vestido roquerito pero hermoso, con una chaqueta negra de encaje.

En silencio, sigo al director de escena tras bambalinas, yo sola, pues mi banda ya está esperándome en el escenario. Nunca he dejado que los nervios me dominen, pero esta vez me cuesta contener el palpitar de mi corazón.

Recuerdo las palabras de mi hermano Alberto minutos antes y eso me tranquiliza.

—Están aquí por ti —me dijo, refiriéndose al público que me espera—. Están aquí para celebrar tu vida como artista, porque finalmente has llegado a Carnegie Hall y para ellos también es una celebración. Deben estar igual de emocionados que tú, de verte llegar aquí. No te están juzgando. Haz de esta una noche tan especial para ellos como lo es para ti. No tengas miedo, porque están aquí para disfrutar contigo.

Las palabras de mi hermano lo ponen todo en perspectiva, y a medida que me acerco a la entrada del escenario pienso en que él tiene razón. Todo va a salir bien. Será una gran noche y nos vamos a divertir.

Estoy tras la puerta que lleva al escenario y de repente siento al público. Es el momento en el que se apagan las luces y comienzan a aplaudir. Todavía no pasa nada: no hay introducción musical, no hay nada, sólo silencio absoluto en escena mientras los músicos esperan mi llegada. Pero el aplauso sigue y crece, y el director de escena sonríe y me dice:

—Te deben querer mucho.

—Supongo que sí —le digo—, supongo que sí.

Me abre la puerta y alcanzo a ver el micrófono en medio del escenario con una sola lucecita iluminándolo. Entro, casi en la oscuridad, y pasan varios segundos antes de que el foco de luz ilumine mi trayectoria eterna hasta él. En esos momentos, a medida que avanzo con paso firme hasta mi puesto, mi vida entera pasa por delante de mis ojos. Es una emoción indescriptible, ¡como si mi mente y mi alma flotasen! La intensidad del momento me paraliza y no puedo hacer nada. Quedo parada, muda ante el micrófono y el aplauso crece y crece. El público se pone de pie. Miro hacia arriba y veo en todos los balcones que dan hasta el techo, a las personas, ovacionándome. Miro hacia abajo y veo a mi padre, en la primera fila, como siempre, lágrimas de orgullo corriendo por su rostro.

Trato de contenerme. «No llores, no llores, no llores», me repito nuevamente. Pero es imposible. Es una emoción tan grande y pienso que si me llegase a morir, todo lo vivido habrá valido la pena para llegar aquí. El aplauso sigue, dura una eternidad. Pero uso todas las fuerzas que no tengo, y me compongo. Me tranquilizo, levanto el micrófono y empiezo a cantar.

1

EL COMIENZO

Mi madre alguna vez me dijo que yo había llegado al mundo para salvar a mi papá. Me contó que cuando yo era bebita, a veces encontraba a Papi tendido a mi lado en la cama, diciéndome: «Tú me vas a salvar, tú me vas a salvar». Papi era un hombre muy sociable y amiguero, pero también sufrió de depresión durante su vida, y aunque la tenía muy controlada, padeció un par de momentos difíciles, uno de ellos cuando yo nací.

Según mi mamá, yo le di nuevo ímpetu a Papi. Era su primera nena, una nueva y gran responsabilidad, y no me iba a defraudar. Así fue. Quizás yo salvé a Papi, pero él también me salvó a mí, no sólo de chiquita, sino también muchos, muchos años después, cuando creí haberlo perdido todo.

Yo nací en Ponce, la segunda ciudad más importante de Puerto Rico, en el sur de la isla. Es una ciudad grande, bella, conservadora, arraigada a sus costumbres y su cultura, muy orgullosa de sus raíces. Dicen que Ponce es Ponce y lo demás es *parking*. No sabría decir de dónde viene el dicho, pero los que nacimos ahí, lo aprendemos desde la cuna. Es una ciudad con mucha historia y mucha cultura ya que el primer museo de arte moderno importante de Puerto Rico se hizo en Ponce. Gente muy ilustre ha salido de allí: escritores, deportistas, artistas plásticos, beisbolistas de las grandes ligas, políticos destacados,cientificos y, por supuesto, músicos reconocidos por el mundo entero. Ponce es como todo Puerto Rico: se respira música por todas partes. Desde que naces, vives cantando, tocando algún instrumento o bailando. La música es parte de nuestra identidad...

En mi familia somos cuatro hijos: Tito, el mayor; Alberto, el segundo y más cercano a mí en edad; luego nací yo y después vino el menor, Frank, o Pancho, como le decimos cariñosamente. Yo era la única mujer. Nací de sorpresa, casi por equivocación, después de que mis padres ya habían criado a Tito y Alberto y daban por «cerrado» el capitulo de los niños. Cuando llegó Pancho, el consentido, estaban resignados a que podrían venir más hijos y su llegada fue sorpresiva pero feliz. Alberto y Tito nacieron en Mayagüez. Frank y yo nacimos en Ponce, durante la segunda etapa del matrimonio de mis papás. Allí nos criamos los cuatro.

Papi y Mami se conocían desde pequeños. Eran de origen humilde pero siempre se esforzaron mucho para progresar. Nunca sentí que no tuviésemos dinero o que algo nos faltara, pero ricos, no éramos. Papi se llamaba Domingo, y trabajaba en la Autoridad de Energía Eléctrica. Era el supervisor de seguridad de la compañía y por su trabajo se la pasaba «puebleando». Viajaba para supervisar los proyectos de iluminación y tendidos de cables eléctricos de la zona sur del país.

Mami se llamaba Gudelia, pero casi todo el mundo le decía doña

Gudy. Era la segunda de cuatro hermanos y se casó muy joven, de sólo diecinueve años. Mami trabajó toda su vida, mayormente de secretaria en oficinas, y de hecho estuvo mucho tiempo en la Autoridad de Hogares de Puerto Rico, una corporación de gobierno que asiste a familias de bajos recursos. Creo que por eso yo nunca le tuve miedo al trabajo, ni pretendí no trabajar por ser mujer. Desde que tengo uso de razón, Mami trabajó. Después que nací, tomó un puesto como secretaria del presidente de la Union Carbide, una corporación petroquímica que se instaló cerca de Ponce.

Tanto Papi como Mami venían de familias humildes y trabajadoras. Mi abuelo Ismael, el papá de mi mamá, fue mecánico de trenes. Abuelo Isma murió a los ciento y pico de años. Era un personaje de esos que conoce todo el mundo, y en su barrio era muy popular.

Era muy bajito, de tez trigueña y ojos azules. Parecía moro. Nunca supe si era oscuro por el sol o porque ese era su color. Siempre estaba impecablemente vestido, con su camisa blanca almidonada y su sombrero de Panamá. Recuerdo acercarnos a su casa, una casita humilde de madera, y verlo sentado ahí, en su balcón dándose un traguito o tocando su guitarra.

Las visitas a casa de mi abuelo Ismael eran memorables porque en su finca teníamos la oportunidad de ver animales que no veíamos en Ponce. Él vivía en Mayagüez, en una finca muy grande que aunque no era de su propiedad; trabajaba para los dueños y lo dejaban vivir ahí. Tenía cerditos, patitos, conejos, vacas, cabras, pollos y ni me acuerdo cuántos animales más. Nos encantaba ir a su casa y él disfrutaba mucho llevarnos por la finca para mostrarnos todo. Era toda una aventura porque nosotros vivíamos en la ciudad y mi abuelo hasta nos dejaba ordeñar las vacas. Era fuerte como un roble. Para ver las vacas, teníamos que bajar por una pendiente muy empinada, y nos íbamos sentados para no caernos, pero el bajaba de pie como si nada. Salíamos de su casa siempre con bolsas de frutas, verduras, y de todo lo que había cosechado por esos días.

Era un tipo muy simpático, y aunque no eran muy frecuentes las visitas, me acuerdo claramente de ir siempre para el Día del Padre, y para su cumpleaños, que era el 31 de diciembre. Su cumpleaños número cien fue muy especial. Se le hizo una fiesta espectacular con lechón a la varita, comida típica, música y toda la gente del barrio. Recuerdo que se le acercaban viejitos de ochenta años, y él me decía:

—Nena, mira estos muchachos, yo los crié.

—Abuelo, ¡ese no es ningún muchacho! —le decía yo. Pero para él, sí, Los vio crecer desde chiquitos, y aunque hoy fuesen ancianos, en sus ojos seguían siendo niños. Fue un cumpleaños muy pintoresco.

Años después, me hicieron muchas historias de ese abuelo tan singular: que era picaflor, que a veces salía los viernes y volvía los lunes, que se disfrutaba su traguito, tal vez demasiado. Pero era el músico de la familia y le gustaba cantar y tocar la guitarra, y a mí, todo el que hiciera música me encantaba. Por eso creo que siempre nos llevamos tan bien.

Abuelo vivía en la finca con su segunda esposa. Se había divorciado de mi abuela muchos años antes de que yo naciera. En esa época no era común divorciarse y guardaba un estigma muy fuerte. Pero mis abuelos no se llevaban bien, a tal grado que mi mamá y sus hermanas intercedieron para que se divorciaran, porque no era un matrimonio feliz.

Mami mudó a mi abuela a Ponce para tenerla cerca y cuidarla. Vivía a cinco casas de la nuestra y velaba por nosotros mientras Mami y Papi trabajaban. Nos consentía mucho. Se llamaba María de Jesús —le decían Chuíta— y era la luz de mis ojos.

Mi abuela era muy flaquita, de pelo rubio, ojos verdes y muy, muy cariñosa. Insistía en que yo estaba muy flaca, que no era verdad, pero para ella todos estábamos flacos. Por eso, cuando llegábamos del colegio nos preparaba una bebida de malta con una yema de huevo y mucha azúcar que sabía a rayos y centellas, pero según ella tenía todos los ingredientes necesarios para mantenernos saludables.

Abuela recibía la leche en unas botellas de cristal. Con esa leche preparaba una especie de natilla que nos servía con tostadas de pan criollo. Le quedaba deliciosa. A ella le fascinaban las flores. Tenía un jardín muy bonito en su casa, y de chiquita me le escapaba al patio a comerme algunas. Abuela también cantaba. Tenía una cama de caoba con un mosquitero, y acostarme ahí era como entrar en otra dimensión; era donde ella me cantaba mientras me rascaba la cabeza.

Abuelo le llevaba más de veinte años a mi abuela. Aun así, ella murió antes, cuando yo tenía apenas diez años.

Mi abuela paterna murió muy joven también; antes de que yo naciera. Mi abuelo paterno era policía. Era un hombre parco, y muy, muy alto e imponente. Por su trabajo se ausentaba mucho de la casa y pasaba períodos largos en los distintos pueblos donde lo asignaban. Mientras estaba de viaje, otros familiares cuidaban a los hijos. Por eso la infancia de Papi fue bastante difícil. Lo criaron, como dicen, con «mano dura».

Siempre que Papi nos hablaba de su familia y de cómo creció, lo contaba con un dejo de pena y de nostalgia, porque se daba cuenta de que su padre no conocía otra forma de criar y cuidar de su familia. Lo sorprendente es que a pesar de todo lo que vivió, mi padre fuese un hombre tan cariñoso.

Nunca sentí demasiada afinidad con mi abuelo paterno y a él lo visitábamos poco. Murió cuando yo cumplí mis trece años. Era rubio y de ojos verdes, como yo. Mi hermano Tito, el mayor, también es de ojos claros, y Alberto y Frank son morenos. Salimos dos y dos. Como muchas familias puertorriqueñas, somos una hermosa mezcla de razas y colores.

Nuestra familia se quería mucho. Pero la distancia en aquella época se sentía más; las carreteras no eran tan buenas y aunque quisiéramos, no podíamos visitarnos con tanta frecuencia.

Papi y Mami eran los eternos enamorados. Se conocieron de niños porque vivían en el mismo barrio. Además estaban medio emparentados. Pareciera que se amaron desde siempre. Yo aún conservo los telegramas de amor que intercambiaron cuando eran novios, pautando citas y llegadas en el tren. Eran muy jovencitos y mi papá había empezado a estudiar en la universidad en San Juan, y como Mami vivía en Mayagüez, se visitaban por tren. Lo de ellos parecía una novela rosa.

Mami siempre fue una mujer muy romántica y detallista. Guardaba recuerdos de todo lo que vivía con Papi: tarjetas de amor, cartas, telegramas, flores, hasta la cuenta del hotel de su luna de miel en Barranquitas. Fueron doce dólares. Mi mamá tenía diecinueve años, y mi papá veintiuno cuando se casaron. Después de la muerte de Mami, Papi nunca volvió a casarse. Estuvieron juntos toda la vida. El único novio que tuvo mi mamá fue mi papá, y ese amor que se profesaban se respiraba en la casa. Desde mi niñez lo sentí así. Una vez le pregunté a Papi que por qué no se daba la oportunidad de casarse nuevamente. Me miró fijamente y me dijo: «Cuando me casé, yo juré amor para toda la vida, y todavía estoy vivo. Hay gente que no tiene esa suerte, porque nunca encuentran el amor. Yo sí. Y el mío es eterno».

Vivíamos en un barrio de Ponce donde casi todos los niños teníamos la misma edad y se sentía como una familia extendida. Podíamos andar libremente en la calle todo el tiempo. Llegábamos de la escuela a correr bicicletas hasta que se fuera el sol. Como yo no tenía hermanas, era muy *tomboy*, y mis compañeros de juego casi siempre eran varones.

Era un barrio de gente trabajadora, con casas bien pequeñitas de concreto, con lo mínimo que se necesitaba para vivir, construidas de dos en dos, en dúplex, casi todas del mismo color y tamaño. En una esquina estaba la tiendita de la cuadra, y al otro lado el parque de pelota donde me descubrieron. Era parquecito de barrio, pero para mí parecía como el Yankee Stadium. Mi colegio quedaba bastante cerca de donde yo vivía, y de pequeña mi papá nos llevaba la escuela. Ya cuando fui más grandecita, si estaba loca por llegar a la casa, me iba sola a pie, o con alguna de mis amigas del colegio que vivían cerca.

En momentos de dificultad económica, de una forma muy sutil todo el mundo se ayudaba. Era la política de la puerta abierta: el que tenía cocinaba, y siempre se cocinaba de más para que viniera el que no tenía suficiente.

Yo me doy cuenta de las limitaciones económicas ahora, pero en aquel momento nunca sentí que nos faltara nada. No me daba cuenta de que mis papás hacían todo lo posible por pagar nuestra escuela, un colegio parroquial bilingüe donde las clases eran en inglés y en español y la directora era americana.

Pero ricos no éramos. Tal como lo veía yo, vivíamos en una calle anchísima de grandes casas y Mami mantenía la casa tan bella, tan limpia y olorosa que me sentía en un palacio. Claro, mi casa, era pequeña, y teníamos un solo baño para todos. Pero en aquel entonces yo la encontraba amplia, cómoda y preciosa.

Pero para Papi no fue fácil llegar hasta ahí. Recuerdo que una vez me contó que se puso su primer par de zapatos a los tres años. Había pocos recursos en su niñez. Pero él y Mami se educaron lo mejor que pudieron, salieron adelante y casi crecieron juntos.

Mi papá era uno de los hombres más inteligentes que he conocido en mi vida. Le encantaba la lectura y leía de todo, aunque fue autodidacta porque asistió muy poco tiempo a la universidad. Sin embargo, llegó a ser profesor, llegó a ser maestro de ingeniería eléctrica y trabajó como ingeniero eléctrico hasta que se jubiló. No terminar su carrera universitaria fue uno de sus sueños sin realizar. Pero jamás dejó de aprender, estudiar, leer todo lo que caía en sus manos, y conocía y conversaba de cualquier tema.

Las circunstancias y responsabilidades que tuvo que enfrentar, no necesariamente propias, lo desviaron de un camino que merecía. Papi ingresó a la universidad a los dieciséis años, era académicamente brillante, pero el abuelo se volvió a casar y se fue a vivir con su nueva familia. Y a Papi, siendo adolescente, le tocó salirse de la universidad para cuidar a sus hermanos. A pesar de todo, él respetaba mucho a su padre. Creo que era su manera de perdonar la forma en que tuvo que vivir. La vida y las obligaciones lo llevaron por un rumbo que no necesariamente era el que se había trazado y por el que quería luchar. Pero me decía: «Afortunadamente, me encontré con tu mami, mi compañera, mi cómplice en ésta vida».

Cuando mi mamá quedó embarazada conmigo, mis papás ya estaban más o menos encaminados; él tenía treinta y pico de años y ella casi los treinta. Mami soñaba con tener una niña, pero ya cuando tuvo a mis dos hermanos varones estaba más que conforme. Mis hermanos la adoraban, tenían obsesión con ella, y ya iban a la escuela. Mami estaba integrada a su trabajo y enfocada en la crianza de sus hijos. Mi hermano Alberto me lleva ocho años. Él y Tito ya estaban más independientes y ella estaba, hasta cierto punto, libre de la la responsabilidad de tener un bebé en la casa. En aquella época, la cuestión de los anticonceptivos no se manejaba mucho, pero pensaba que no iba a quedar embarazada. El médico le había dicho que tenía un problema físico que lo hacía prácticamente imposible.

Ninguno de los dos planeaba tener más hijos y pasaron años sin embarazarse. Además, Papi pasaba por momentos emocionales difíciles y abrumadores. Durante uno de sus peores episodios —estaban teniendo dificultades económicas y estaba preocupado—, mi mamá quedó embarazada.

—Me siento rara —le decía a mi papá—. Creo que estoy embarazada.

Y mi padre se reía.

—¡Imposible! —decía.

Hasta que mi mamá fue al médico.

— Me estoy sintiendo mal. Me siento rara y tengo dolor.

Y el médico le dijo:

— No tienes nada grave. Porque el dolor es un bebé.

Mami se puso a llorar y llamó a mi papá.

—¿Y qué vamos a hacer ahora? —le preguntó.

Era una carga económica adicional para la cual no estaban preparados. Pero cuando nací, todo cambió.

Como decía mi mamá: «Tú llegaste para salvar a tu papá».

A pesar de las dificultades que enfrentaba, al ver nacer a su bebita, a Papi se le despertó un instinto de protección diferente y encontró razón para seguir luchando. Fue un apego muy grande el que hubo entre él y yo desde el momento en que llegué a sus brazos. Como era nena, se le despertó un instinto de protección diferente y encontró razón para seguir luchando.

«Tengo que echar pa'lante porque es una nena y no la puedo

abandonar», le decía Papi a Mami. Qué ironía que muchos años después a mí me pasó lo mismo: me sumí en la más profunda depresión después de la muerte de mi padre. Y así como yo lo salvé a él, mi hija Carolina me salvó a mí.

Mi padre no me abandonó.

2

«LA CASA EMBRUTECE»

Nuestra primera casa en Ponce, donde vivimos hasta que tuve nueve años, era tan pequeña que cuando nací, me pusieron a dormir en un clóset que me prepararon de «habitación» porque no había suficiente espacio. Mi mamá sacó las puertas, lo decoró, y ahí pusieron mi cuna. Cuando ya tenía unos tres o cuatro años, le hicieron una extensión a la casa y me hicieron mi propio cuarto. A mis hermanos les hicieron uno al frente, y a mí un cuartito contiguo a la habitación de mis papás. La puerta no era de madera sólida, y tenía la parte superior de vidrio, para que mi mamá pudiera velarme. Fue muy emocionante que me dieran mi propio cuarto, porque tenía espacio para todas mis muñecas, mi propio clóset y mi privacidad. Todo era color rosita y yo estaba feliz.

Y así fue siempre. Mi mamá siempre se esmeró en que dondequiera que viviéramos, yo tuviera mi propia habitación. Una ventaja de ser la única nena.

Mis recuerdos de niña son felices.

Teníamos un patio muy pequeño donde me acuerdo que había una mata de plátano. Frente a ella, se formaba un charquito cuando llovía, y ahí vivía un sapo grande que me encantaba visitar. El sapo se acostumbró a verme todos los días y me dejaba virarlo patas arriba para que le rascara la barriga. Era un sapo entrenado; yo le decía «el sapón». A veces se escapaba y se escondía dentro del medidor de agua que había frente a la casa. Y ahí iba yo a buscarlo.

Me acuerdo de esa planta, me acuerdo del jardín de flores que mi mamá tenía y de una casita que mi papá construyó en la parte posterior de la casa. Al principio era como un escondite, un lugar donde se iban Papi y Mami, me imagino que para descansar un poco de nosotros.

Mis memorias de bien pequeñita son esporádicas. Me acuerdo de un carrito que tenía una amiguita; yo tenía una muñeca grande que me gustaba llevar a pasear en él. Me acuerdo del patio de mi abuela y de su jardín de flores. Me acuerdo de los pollitos de colores que se compran en Semana Santa. Luego los veíamos crecer en la finca de mi abuelo y después terminaban en la mesa o en la sopa, pero a nosotros no nos decían nada. Recuerdo ese parque al lado de mi casa, el parque de pelota donde me descubrieron, donde canté por primera vez.

Como mencioné, siempre fui medio *tomboy*. Mi mamá se frustraba un poco porque siendo ella una mujer tan femenina, su única hija peleaba para no vestirse como muñequita, con trajecitos delicados, guantes, zapatitos de charol y lazitos en el cabello.

Me sentía disfrazada porque prefería mis tenis, ponerme mis pantalones cortos, irme a correr, montar bicicleta, trepar monte. No quería ser varón. Para nada. Era bien nena y me «enamoraba» fácilmente— pero me atraían más las actividades de los niños porque me parecían más divertidas. Además, asi podía hacer lo que hacían mis hermanos y sus amiguitos.

Pero lo que más me gustaba era la música. A mí siempre me gustó cantar.

En mi casa había música todo el tiempo. Tan pronto Papi y Mami llegaban del trabajo, se prendía el tocadiscos. Muchas veces te volteabas y estaban los dos bailando. A todos nos fascinaba la música. A mi papá le gustaba mucho la romántica de trío y a mi mamá le encantaban los boleros y la música puertorriqueña. Mis hermanos escuchaban música americana y rocanrol, y a mi abuela le encantaba ver películas del cine mexicano con sus grandes cantantes. Desde siempre y aunque me gustaba todo, lo que más me llamaba la atención era la música romántica. Ya después, cuando mis hermanos mayores se graduaron de octavo grado, fueron a vivir un año en Los Ángeles con mi tía, la hermana mayor de mi mamá, y regresaron con gustos diferentes. Escuchaban otro tipo de música, como los Beach Boys, los Beatles y los Rolling Stones. Así que crecí con los dos extremos. Los ídolos de la juventud de Puerto Rico que serían tan importantes en el desarrollo temprano de mi carrera y la música de mis hermanos y de grandes cantantes femeninas como Barbra Streisand, Liza Minelli y después de divas españolas como Marisol y Rocío Durcal.

En casa cantaba todo el mundo, no solo yo. Mi hermano mayor toca la guitarra y a mi hermano Alberto le encantaba declamar, actuar y cantar en la escuela. Pero nadie traía planes de profesionalizarse. No había ninguna expectativa de estrellato ni nada por el estilo. Por lo menos, no al comienzo.

Era una familia estable, donde ambos padres trabajaban. Mami era una mujer muy ecuánime, muy dulce pero muy independiente, poco común para la época. Como trabajó toda la vida, siempre tuvo su propio dinero y manejaba sus propias finanzas. Era excelente madre, ama de casa, esposa, y habia un trazo de ella que no era común en el resto de las mujeres de la familia. Mami pensaba que se podía hacer todo, que no había que escoger entre criar hijos, tener una familia y el trabajo. Para ella, ambas cosas eran realizables. Era cuestión de tener la capacidad de organizar tu tiempo y podrías cumplir con todo. Ese era el reto. Yo creo que allí es donde nace el modelo que seguí. Mi mamá fue un gran ejemplo y me enseñó que cuando repartes tu tiempo adecuadamente, tienes la oportunidad de cumplir con la vida que quieres vivir, y que con organización todo se puede lograr.

Mami se levantaba a las cinco de la mañana a trabajar y nos dejaba a todos desayunados. Mi papá nos llevaba a la escuela y después nos iba a buscar. A veces íbamos a almorzar a casa de mi abuela o Mami dejaba comida hecha o mi papá nos cocinaba.

Él también era muy de vanguardia en esos asuntos de la casa y de los niños, especialmente para la época. Mi papá no hacía oficio en la casa, ni tareas domésticas. Ni le gustaba ni Mami lo permitía. Pero si había que cocinar, cocinaba. Nunca dejó de trabajar pero cumplía como padre. En ese sentido él apreciaba mucho la aportación de mi mamá en términos económicos, y mi mamá apreciaba la de él. Se apoyaban. Mami apoyaba que mi papá viviera tranquilo con las responsabilidades que tenía en el trabajo y en la casa, y viceversa. Mi mamá no conducía, por ejemplo, pero Papi era el chofer oficial para todos los inventos, paseos o eventos de la familia.

Yo sé que ellos tenían sus trifulcas, pero hacían un frente unido. Siempre. Recuerdo que casi todas las mamás de mis compañeritas estaban en la casa, pero la mía no. Mami estaba envuelta en veinte cosas a la vez: era presidenta de la Asociación Nacional de Secretarias, muy activa en la comunidad y muy dinámica. Si había algún invento, ella era la primera que cooperaba; si había que hacer una comida, estaba ahí; si había que hacer disfraces, ella los hacía. Era la party-planner/abuelita/mamá postiza de la calle. Una mujer con una capacidad creativa impresionante que nunca decía que no.

«A tu mamá se le rompió el cansómetro», decía Papi. Y aún estando con el día lleno de actividades dentro y fuera de la familia, mi casa siempre estaba inmaculada, nosotros limpiecitos, la ropa planchada. Ahora que lo pienso, mi mamá era maniática de la limpieza, pero en aquel entonces me parecía normal. Nosotros éramos muy regones, los cuatro hijos y mi papá, pero mi mamá siempre mantenía todo perfecto. No me acuerdo de ver a Mami tirada en un rincón lamentándose por todo lo que hacía. Hasta el sábado, que era el día de la limpieza, ella lo hacía divertido. Ponía la música a todo volumen y nosotros nos poníamos a cantar y a hacernos voces. Mi hermano se sentaba en una silla a tocar guitarra. Yo salía cantando por un lado, ella salía por otro, Papi por el otro, mientras se limpiaba la casa. Ayudábamos poco, pero a ella le encantaba ponernos a «limpiar». Mis hermanos eran muy gregarios. A veces llegaban de las fiestas a la una o dos de la mañana y Mami se levantaba a preparar un asopao. Era loca con que la casa estuviera llena de gente, y aparte de eso teníamos un montón de animales. Mi casa parecía un zoológico. Había perros, pájaros, pececitos, tortugas, hasta una serpiente chiquita. Lo que se cruzara por el camino.

Mi mamá me enseñó mucho. Y guardo con cariño sus «pequeñas gotitas del saber», esos consejos y lecciones imborrables. Por ejemplo, me decía: «Gánate tu propio dinero». Nunca, jamás me dijo que buscara o me casara con un hombre rico. Lo importante era poderme valer por mí misma. «Porque eso de estarle pidiendo cinco pesos a un hombre para comprarte unas medias o para algo que te guste , eso no está bien», decía. «Además si quieres pintar la casa, vas, compras la pintura, coges una escalera y la pintas».

Algo que me dijo y que resonó en mí, aunque me chocó bastante cuando se lo escuché por primera vez: «La casa embrutece». Ahora lo entiendo, y se lo repito a mi hija y me río muchísimo. Llegó un momento donde no era necesario que ella trabajara, porque yo ganaba suficiente dinero y podía mantenerla. Pero ella hacía el oficio de la casa, y se iba a trabajar en la oficina de un vecino nuestro.

Muchas veces le dije:

—Mami, no tienes que trabajar, quédate en casa.

Y me contestaba:

—No, niña, yo puedo hacer las dos cosas, además, la casa embrutece.

—¿Cómo que la casa embrutece? —preguntaba yo.

—Estar en la casa todo el tiempo, sin tener un buen contacto social, sin una buena conversación, sin conocer gente y servir a otras personas, embrutece —decía—. Levantarme todos los días a hacer lo mismo, a lavar, a planchar, a cocinar, a hacer las camas, eso yo lo puedo hacer en un ratito, y el resto del día lo puedo usar para cosas más útiles. Me siento feliz de poder atender a los clientes. Además, me gusta tener mi propio dinero para ir al *beauty parlor* y recortarme y hacerme mis uñas. Y para comprarles cosas a ustedes, y ayudar a Minguito [así le decía ella a mi papá]. Yo trabajo por gusto.

A mi mamá le encantaba hacer cosas en la casa en los fines de semana. Pero igual se levantaba por la mañana y se arreglaba. Siempre estaba inmaculada. Ella no salía de la habitación si no estaba, por lo menos, con los labios pintados y vestida. Nunca la vi en bata tirada. Jamás. Nunca la vi ni con las manos desarregladas, ni mal puesta. Era una mujer sencilla, pero muy acicalada.

Mi papá era un hombre dinámico, con una voz muy fuerte, con mucho sentido del humor, un humor negro. Papi era bien sarcástico y fuerte de carácter. No tanto conmigo, aunque tuvimos nuestros encontronazos. Era más fuerte con mis hermanos, especialmente con el segundo, mi hermano Alberto.

Pero la verdad es que todos tenemos personalidades muy fuertes.

Ahí todo el mundo quería mandar. Éramos bocones, ruidosos, intensos, muy intensos. Menos Mami. Ella no gritaba. Con solo una mirada... cuidado. Y todavía, hasta el sol de hoy, lo somos. Los hermanos nos adoramos, pero tenemos que tener cuidado cuando estamos juntos porque en un momentito se puede formar la Tercera Guerra Mundial. Lo reconocemos así y el tiempo que compartimos nos divertimos mucho. Tenemos el mismo tipo de temperamento, pero somos cuatro planetas distintos. Nuestra experiencia de vida ha sido bien diferente. Mi hermano Alberto se fue desde muy jovencito de mi casa y vivió por todos lados; en Brasil, en Nueva York, en Venezuela, en México. Mi hermano mayor siempre se quedó en Puerto Rico. Mi hermano menor, que era el chiquitín, tenía licencia para hacer y deshacer sin muchos regaños. En el vecindario le decían Flamita. Un verdadero personaje; ese siempre ha sido un espíritu libre.

¿Y yo? Yo desde un principio escogí un camino que no era el usual. O quizás el camino me escogió a mí...

3

«¡OTRA! ¡OTRA!»

No importa el rumbo que hubiese tomado, a la izquierda o la derecha, tengo la certeza de que iba a terminar en la música. No recuerdo nada que me atrajera más, nada. Lo único que me hacia feliz era cantar y es lo que he hecho toda mi vida.

Yo estudiaba en una escuela católica. Desde que cursaba el kínder —con solo cinco años— y por varios años, me encomendaban aprenderme los himnos de la liturgia de la iglesia. Memorizaba las melodías y las armonías, y luego visitaba los distintos salones de la escuela para enseñarle las canciones a los estudiantes.

Cantar bien me abrió oportunidades en la escuela y en la iglesia. Cada vez que venía alguien importante de visita, me mandaban a buscar al salón para que yo cantara. En los coros, podía hacer segunda voz, o primera voz, o el solo.

Mis padres disfrutaban de oírme cantar. Me encantaban las canciones difíciles y cuando las terminaba, ¡hasta me aplaudían! Esos eran los aplausos que más disfrutaba. Nunca me obligaron y cantaba por gusto. Ellos me lo permitían, siempre y cuando no descuidara los estudios. Pero mi mamá decía que aun en esa época, ella intuía que había algo especial. «No son los ojos de madre los que ven más allá», me dijo mucho tiempo después. Ella tenía la certeza que yo traía algo inusual. Que algo especial sucedía cuando la gente me escuchaba cantar.

Al comienzo mi papá no sabía qué pensar. Por un lado, no se oponía a que cantara. Lo disfrutaba porque en casa todos cantábamos. Pero en mi familia no había artistas, ni cantantes, ni músicos. Una cosa era cantar por diversión y otra, muy distinta, era cantar profesionalmente. No conocíamos a nadie que viviera de la música y era una actividad tan foránea, tan rara, que nadie se la imaginaba. No había referencia alguna. En ese entonces, el prejuicio contra la vida artística era muy fuerte y arraigado. Se comentaba que era una vida desordenada, llena de riesgos e incertidumbre. Que el ambiente no era propicio para una niña. Y siempre hubo uno que otro «amigo» que le aconsejaba a mis padres que no me permitieran entrar en «ese mundo».

Pero la verdad es que al comienzo, nadie estaba ni remotamente pensando en una carrera musical o en abrirme paso en la farándula.

Hasta que un domingo, cuando tenía como seis años, estábamos jugando en el parque de pelota del barrio, con todos mis amiguitos y mi hermano. Y como parte del juego, como hacíamos tantas veces, nos sentamos en un círculo y nos pusimos a cantar. No era nada del otro mundo. Cantábamos todo el tiempo.

Pero ese día, un señor que no conocíamos estaba en el parque mirando el juego de pelota. Yo no lo sabía, pero se llamaba Bula Herger y era promotor de conciertos. Estaba en Ponce para producir un espectáculo para *teenagers* en el teatro de mi pueblo con dos cantantes de moda de aquella época: Charlie Robles y Dayana. Cantaban rocanrol y eran los más populares del momento.

Un vecino lo conocía y le hizo señas para que se acercara.

—Mire, ella canta.

—¿Tú cantas? —me preguntó él, pensando que era medio en chiste.

—Sí —le respondí yo.

—Pues cántame algo —me dijo.

Y, ahí, sentada en el piso, empecé a cantar. Sin pena. Como si fuera lo más normal del mundo cantarle a desconocidos los domingos en el parque. Porque para mí cantar era una compulsión, y hasta el día de hoy sigue siéndolo. Era una cantante compulsiva. Me trepaba en el carrito de los helados y, en lo que daba la vuelta a la cuadra, yo cantaba en el micrófono que usaba el chofer para poner la música que anunciaba su llegada. Me iba con mi mamá al mercadito que quedaba cerca de casa y me trepaba en la caja registradora a cantar. A cantar cualquier cosa.

Y ese día en el parque hice lo que siempre había hecho, lo que más me gustaba. Canté. Ni recuerdo qué canté pero lo único que sé es que al señor le gustó. Cuando terminé, de inmediato me preguntó:

—¿Tú te atreves a cantar en el Teatro La Perla?

Es como si hoy te dijeran: «¿Tú te atreves a cantar en el Madison Square Garden?». Para mí era algo enorme.

—Sí, yo me atrevo —le contesté pensando «¿Y porqué no?».

Y entonces me preguntó:

—¿Dónde está tu papá?

—Allí en mi casa —le señalé, porque el parque quedaba justo enfrente a nuestra casa.

—Pues llévame a donde tu papá —me dijo.

Y ahí nos fuimos como en procesión: el señor, mis amiguitos, mis hermanos y yo. Todo el mundo quería saber qué iba a pasar con el señor y el Teatro La Perla.

Llegamos a mi casa, golpeamos la puerta y abrió mi madre. Ella y mi padre sabían quién era Bula Herger, porque era muy conocido. Nos hizo pasar a la sala y el señor Herger se sentó con mis papás. Eran las tres de la tarde y hacía un calor insoportable y en casa no había aire acondicionado, pero mi mamá le preparó un cafecito al señor y empezaron a hablar.

—Quiero invitar a la niña a cantar en el Teatro La Perla —le dijo el señor Herger a mis papás—. ¿Ustedes creen que ella se atreva? —Mis padres titubearon.

—No sé, porque ella nunca ha cantado en un lugar así —dijo mi mamá.

Pero yo sabía perfectamente que sí me atrevía. Aunque era cierto que, entre cantar en el carrito del helado y cantar en La Perla había un abismo, yo no sentía temor ni nervios porque desconocía la dimensión. Para el señor Herger era simpático traer una nenita al espectáculo. Esto era un show de juventud, por lo tanto, llevar una nena chiquita no era tanto riesgo. Además, como dice mi hermano Alberto, yo de seis años era igual que ahora, pero chiquita: aguerrida y habladora. Entraba a los sitios y según él, hablaba con todo el mundo y no le tenía miedo a nada.

Mis papás y el señor llegaron a un acuerdo allí en la sala de mi casa : yo cantaría una sola canción: «Puff, The Magic Dragon», en español, en vivo, con una banda de rock. A cambio, me darían una muñeca.

El *show* era al otro fin de semana. Nos fuimos a ensayar con los músicos en el teatro. Yo había estado antes, pero jamás sobre el escenario. Me parecía enorme, especialmente porque se usaba micrófono de cable y había que caminarlo completo sin que el cable se enredara. Lo único que pensaba mientras ensayábamos era: «¿Sonará como en el disco?». Era mi única preocupación porque así me aprendía las canciones como estaban grabadas. Y cuando comenzaron a tocar sonó exactamente igual. Problema resuelto. Mi mamá sí estaba nerviosísima, pero me vio tan tranquila en el ensayo que cuando llegamos a la casa le dijo a mi papá:

—No hay ningún problema, lo va a hacer bien.

La decisión de qué ponerme era importantísima. Mi mamá y yo nos fuimos de compras y conseguimos un traje azul clarito de organza. Me lo puse con mis *bobby socks* —las mediecitas blancas tobilleras—, mis zapatitos de charol, mis lacitos y guantes blancos.

Por fin llegó el día del show y contra todo pronóstico, estábamos bien tranquilos. Quizás porque no se puede temer a lo que no se conoce, y la verdad es que nadie tenía punto de referencia. No sabíamos qué podía salir bien o mal en un escenario. En nuestras mentes, lo único malo sería que se me olvidara la canción, y eso nunca iba a suceder. Yo tenía un extraordinario sentido de ritmo y muy buena memoria así que una vez que arrancara la canción, si la banda la tocaba como estaba en el disco, yo la iba a cantar bien.

Ya estábamos listos para irnos, y le dije a mi papá:

—¡Vamos!

—Yo no puedo ir —me dijo—. Vayan ustedes.

—¿Pero, como tú no vas a ir, si es la primera vez que voy a cantar? —le pregunté, sin saber cuál era el problema.

No me lo dijo, pero Papi no era capaz de ir porque estaba vuelto un manojo de nervios. Yo no entendía nada. Lo único que sentía era una gran desilusión. Mi fanático número uno, al que le cantaba todos los días, no quería ir a mi show. Me entristeció mucho.

Mi mamá se dio cuenta y me mintió para tranquilizarme.

—No te preocupes —me dijo—. Vámonos nosotras adelante que después él llega.

Papi nunca llegó, pero la verdad es que ni cuenta me di. Cuando tocó mi turno, salí a cantar mi canción y la gente se volvió loca. Me sentí súper contenta. No se me había olvidado y quedó bien. Terminé de cantar y la gente empezó a aplaudir. Sentí el escenario enorme y me parecía ver miles de personas; aunque eran cientos, no miles. Nunca había vivido una experiencia así y fue muy emocionante.

Para mí cantar era lo más natural del mundo porque al fin y al cabo ¡yo cantaba en todos lados! Incluso con sólo seis años, ya sabía que era algo que hacía bien y que la gente disfrutaba. Pero verme ahí me causó un fuerte impacto. Había cantado en la asamblea del colegio frente a quizás cincuenta o cien personas. Y de pronto, estar en un teatro, en un escenario con luces, junto a alguien famoso y frente a cientos de personas, me dio una enorme alegría. No entendía que para el público era gracioso ver a una nena cantando esa canción. Para mí lo que importaba era disfrutarlo y hacerlo bien. Y no solo lo disfruté yo; también la gente que estaba allí.

Me sentí tan feliz. Creo que en ese instante empezó todo.

Quería salir corriendo a abrazar a mi mamá y no podía porque la gente no dejaba de aplaudir. Pero tan pronto pude dejar el escenario fui donde ella me esperaba, tras bambalinas, y me empezó a abrazar y besar. La gente pedía «otra, otra, otra». Querían que siguiera cantando.

No habíamos ensayado más canciones, pero yo me sabía el disco completo de Dayana, porque me encantaba su música. Y entre «otra» y «otra», terminé cantando seis canciones. Casi le canté el repertorio completo.

Luego, le llegó su turno e hizo su espectáculo. Pero cuando fue a cantar «Puff, El dragón mágico», la gente comenzó a pedir que yo saliera a cantarla con ella. Yo estaba disfrutando su presentación sentada en la falda de mi mamá. El productor, al ver lo que estaba pasando con el público, se acercó a preguntarme si quería cantar con ella, y yo, por supuesto le dije que sí.

Esos momentos son únicos, definitivos, pero mientras suceden no te das cuenta de la importancia ni el impacto que tendrán en tu vida. Recuerdo que me pararon en una silla porque no alcanzaba la altura del micrófono que ella usaba. Me acomodaron junto a mi ídolo y le eché el brazo sobre sus hombros. Me impresionó el momento en que mi brazo rozó su pelo y sentí que estaba totalmente rígido. En aquella época se usaba el peinado tipo *flip*, y ella o tenía una peluca o tenía mucho fijador de cabello para no despeinarse. Es curioso que eso se me quedó grabado. Juntas cantamos la canción y el teatro casi se viene abajo con la emoción del público.

Esa noche fue como un gran sueño. Dayana estaba muy contenta y emocionada. Me dio mil bendiciones, besos y yo sentía que había llegado al cielo. Era como una película. El olor de su perfume, su simpatía, su voz. Para mí era la mujer más linda del universo. Parecía una muñeca viviente, como conocer a Blanca Nieves; alguien que había visto por la televisión y en las revistas, y de pronto, estaba ahí, cantando con ella. Bula Herger estaba emocionadísimo porque todo salió mucho mejor de lo que se esperaba. Su espectáculo fue un éxito y el arriesgarse con la nenita que nunca se había parado en un escenario había sido una gran sorpresa para todos. Me dio un fuerte abrazo cuando terminé el show. Luego vino la mejor parte, mi pago: una muñeca.

Toda la experiencia —el teatro, la gente, el aplauso—, causaron una fuerte impresión en mí. Lo que estaba por venir lo desconocía y, a decir verdad, a los seis años, ni se me cruzaba por la cabeza. Pero en ese momento estaba feliz y todo lo que había sucedido me llamaba la atención. Ahora que miro hacia atrás, pienso que fue un momento transcendental. Era la primera vez que me paraba en un teatro, pero no podía darme cuenta del significado de ese evento. Para mí lo importante no era el lugar, era poder cantar. Yo desconocía cómo lo que estaba haciendo en ese momento me podía llevar a vivir otra vida. Para mí, era sencillamente la alegría de poder cantar y cantarle a otros.

Hoy me doy cuenta de que fue el comienzo. Después fue interrumpido y hasta atropellado. Pero ahora sé que ese fue el primer paso de lo que se convertiría en mi enamoramiento con el escenario.

En medio de toda la emoción, mi mamá empezó a llorar. Lloraba y lloraba y yo no entendía qué le sucedía. Todos a nuestro alrededor estaban felices pero ella lloraba. Yo estaba desconcertada: «¿Pero qué pasó, por qué lloras?» le dije.

Era de emoción, claro. Y ahora que soy madre lo puedo entender. La experiencia de esa noche nos conectó de una manera muy especial. Fue el comienzo de todo, el origen de todo lo que estaría por venir.

Cuando crecí, cada vez que cantaba, cada vez que hacía un show de televisión, la primera llamada que hacía era a mi mamá a ver si me había visto y qué le había parecido. Desde esa primera presentación en el teatro se me quedó la intención, el deseo de querer agradarla, de hacerla feliz. Tanto a ella como a mi papá. Siempre quise que se sintieran orgullosos de mí, que supieran que todos sus esfuerzos a lo largo de los años habían valido la pena. Mi mamá, desde siempre, había sido una mujer muy creativa y cantaba precioso, pero el destino la llevaría por otros rumbos. Su misión sería otra. Tenía que sobrevivir, trabajar fuerte y criarnos a nosotros, sus hijos. No sé si alguna vez quiso ser cantante o artista, aunque para nosotros lo era. Tal vez su sueño se vio interrumpido por la vida misma, pero a mí no había quién me parara.

Pocos años después de cantar en el Teatro La Perla, regresé a ver un concierto de Rocío Durcal. En aquel entonces, se estrenó su película «Cartel de publicidad». El gerente del teatro, nos permitió sentarnos *tras bastidores* y así fue que Rocío Durcal se convirtió en la primera gran súper estrella que conocí en mi vida. Salió de su camerino, con un trajecito cortito bordado de lentejuelas y parecía un ángel. Pero tenía una gripe espantosa. Llevaba una toalla alrededor del cuello y tosía constantemente. Yo estaba sentada con mi mamá muy cerca de ella y del escenario, y cada vez que la escuchaba toser sentía que el corazón se me iba a salir del pecho porque pensaba que no iba a poder cantar.

Por fin salió al escenario yle pidió al público que la perdonara, que tenía una gripe terrible y que cantaran con ella. Y yo, por supuesto, sentí que me hablaba a mí también. El público le respondió coreando todas las canciones que pudo cantar. Cada vez que se le iba la voz, yo cantaba con toda mi alma, para apoyarla, porque creo que me lo sufrí más que ella. Muchos años después, en una de mis giras me la encontré en México y le conté esa anécdota. Le dio muchísima gracia y nos reímos bastante...

Para mí fue mucho más que una anécdota graciosa. Ver una artista en vivo y ver el escenario funcionando, especialmente después de haber estado parada en él, fue fascinante. Yo era chiquitita pero toda esa movida de cómo se pasaba de la oscuridad tras bastidores al foco de la escena, me marcó. Fue una experiencia que no se me olvida y para mí reforzó lo que había vivido con Dayana a mis seis años.

Así fue que empecé y nunca miré hacia atrás.

4

IPOD HUMANO

Dicen que las estrellas infantiles —aquellas que son empujadas desde temprano al escenario— pocas veces se convierten en adultos felices y estables. El mundo está lleno de historias de estrellas infantiles que tuvieron desenlaces trágicos.

A mí me salvaron mis papás. Ellos no sabían nada del mundo de la música ni del entretenimiento, no sabían de manejadores ni de empresarios. Pero sí que me querían, y que antes de cualquier niña prodigio o niña artista, venía su hija. Y desde el primer día se dedicaron a cuidarme y protegerme del mundo que se me vino encima.

Esa presentación en el Teatro La Perla causó mucho impacto y se comentaba por todas partes. Y claro, el nuestro era —es— un mundo muy pequeño. El sobrino de Bula Herger era Alfred Herger, que en ese momento era el gran precursor del movimiento de la Nueva Ola en Puerto Rico. La Nueva Ola era la nueva generación de músicos que traían un sonido muy influenciado por el movimiento británico y de

Estados Unidos, muy diferente a lo que estábamos acostumbrados a escuchar... cuando Alfred Herger me encontró pensó en la posibilidad de integrarme, aún siendo una niña, a ese movimiento que arrasaba con el gusto de la juventud.

Unos meses después del concierto en La Perla, Alfred llegó a nuestra casa en Ponce a hablar con mis papás. A pesar de que Papi y Mami no seguían el ambiente artístico de cerca, sí sabían quién era Alfred Herger y aceptaron verlo. Les dijo que yo tenía talento y que quería firmarme en su compañía de discos. Pero el contrato que les propuso era por siete años —en aquella época, los contratos eran así de extensos—, donde básicamente se esperaba que yo desarrollara una carrera con su empresa de grabación de discos, de representación, giras de conciertos y demás.

¿Y mis papás qué dijeron?

No.

Ahora mirando atrás, me pregunto qué hubiese sucedido de haber dicho que sí. No creo que hubiese sido bueno para mí empezar tan de lleno una carrera como ésta sin haber tenido una base vivencial como la que tuve. La oportunidad de vivir mi infancia en mi pueblo, junto a mi familia e irme forjando poco a poco, con ambiente normal a pesar de que mi actividad favorita era la música, fue lo mejor que me pudo suceder.

—No sabes cuánto te agradezco que hayas tenido esa visión —le dije a mi padre mucho tiempo después. —Él me explicó que era demasiado drástica la decisión en ese momento, y no me quería comprometer a tan corta edad.

—Yo no tenía derecho a decidir qué ibas a hacer con tu vida —me dijo—. Esa decisión tenía que ser tuya, no mía y enías tan sólo siete años. No quería impulsarte por un camino que quizás no era el que tú hubieses escogido.

Yo ni sabía qué quería hacer ni qué estaba pasando. En aquel momento todavía era muy pequeña y eso de irme para San Juan no estaba en mi radar. Ir a la capital a hacer una carrera artística era algo que no conocía y mucho menos que consideraba como posibilidad Eran otros tiempos. Ahora, todo se sabe.

No me afectó la decisión de Papi. No me di cuenta. Yo solo era una nena que cantaba en la escuela con sus amiguitos. El peso de decirle «no» al hacedor de estrellas del momento, era algo que no alcanzaba a medir.

Pero de todos modos nos mantuvimos en comunicación con Alfred Herger, quien se volvió cada vez más importante y reconocido, tanto por el éxito de la Nueva Ola como por su habilidad como productor musical y, finalmente, como presentador y productor de televisión. Él hizo especiales para artistas de talla internacional, y en los años siguientes, fui un par de veces a sus programas de televisión, en aquella época, de los más populares. Alfred me grabó mi primer sencillo, «Mi amor lollipop», la versión en español de «My Boy Lollipop», una popular canción doo wop que había sonado en la radio americana años atrás.

La grabamos en un estudio en Santurce. Yo apenas tenía siete años y el que me acompañó a grabar fue mi hermano Alberto, entre todos mis hermanos, el cómplice de todas mis cosas. Había practicado la canción con Al varias veces antes de entrar a grabar. Nunca antes había conocido un estudio de grabación. Miré a mi alrededor con mucha curiosidad. Esperaba ver músicos y no había ni instrumentos. Cuando entré, lo primero que pregunté fue: «¿Dónde están los músicos?».

Era un ambiente extraño, como entrar en otra dimensión, pues no había nada que hubiese visto antes. Veía máquinas grandes, vidrios que nos separaban de otros salones y un micrófono grandote que me advirtieron que no podía tocar.

Grabé solo para probar. No había intención de lanzamiento formal pero salió bien. De hecho, editaron un sencillo, un 45, y sonó un poco en la radio de Ponce. Sobra decir que en aquel entonces no existía el *auto-tune* ni ninguno de los recursos tecnológicos que hoy en día se utilizan en los estudios de grabación para perfeccionar la calidad de las voces. Lo que se escucha en esa grabación es mi voz, tal cual era. La voz de una nenita que traía el corazón lleno de música y ganas de cantar.

Ese fue el principio de mi romance con el rock, porque pude haber empezado cantando boleritos o música tropical, que era lo más común en la isla y, además, era la música que mis papás escuchaban y con la que había crecido. Pero rápidamente y desde un comienzo, me enamoré del rock.

Sin embargo, aunque grabé el disco e hice las presentaciones en los shows del señor Herger, no pasó nada. Así como no me pagaron por el show en el Teatro La Perla, tampoco me pagaron por «Mi amor lollipop», y por un tiempo pasó toda la novedad de la rubita de Ponce. Seguí cantando en la iglesia, en el coro del colegio, y aprendí a tocar guitarra, pero nada serio. Mi carrera musical se convirtió básicamente en cantar en la escuela, el vecindario o para las novias de mis hermanos. Yo era el iPod de todo el mundo. Si había una fiesta al lado de mi casa, allí iba Ednita con la guitarrita a cantar. Me trepaba en el techo de mi casa y cantaba sola o con alguna amiguita que se atreviera a subir conmigo. Me encerraba en mi habitación, abrazada a mi dulce compañera, mi siempre presente guitarra, y pasaba horas enteras cantando y tocando para nadie. Porque no necesitaba nada más. Solo un espacio de tiempo era suficiente para vivir mi pasión, mi música.

Y así pasaron varios años, hasta que un amiguito mío, José Manuel Zambrana, formó una agrupación y me invitó ser parte del grupo. Éramos dos cantantes y cinco músicos que tocaban guitarras, teclados, bajo y batería; siete en total. Yo era la menor. En ese entonces tenía diez u once años y el mayor tenía quince años. Nos llamábamos The Kids from Ponce.

5

MIEMBRO HONORARIO

Ser parte de un grupito musical en la juventud es casi un rito de paso para cualquier artista. Es lo lógico, lo natural: amamos la música, amamos el escenario y buscamos la forma de hacer lo que nos gusta con cierto grado de autonomía. Y hay que admitirlo: cualquiera que haya tenido un grupito musical de pequeño, sueña con que el grupo sea famoso.

The Kids From Ponce fue muchas cosas. Fue un grupo divertido de amigos que luego se transformó en algo más serio. Fue una gran escuela: adquirí tablas, experiencia escénica y aprendí a trabajar en equipo. Pero también me topé por primera vez con los celos, el rechazo, las críticas y darme cuenta que hacer música no era sólo diversión y entretenimiento; aprendí que había todo un trasfondo de negocio y manejo que no siempre era fácil de navegar.

Más importante aún, aprendí que hay oportunidades en todas partes, algunas a plena vista, otras no tan evidentes. Pero descubrirlas, y aprovecharlas depende mayormente de tu trabajo. Y cuando tu trabajo es el escenario, todos los momentos cuentan y hay que dar lo mejor de ti siempre pues nunca se sabe quién te está mirando. Gracias a The Kids From Ponce se me abrieron puertas y oportunidades para lo que eventualmente se convirtió en mi carrera. Pero en ese momento no me daba cuenta. ¿Yo? Yo sólo cantaba. Y lo hacía bien. Y quizás esa inocencia fue lo que en muchos sentidos me salvó.

The Kids From Ponce estaba compuesto por Édgar Delgado, Papo Bermúdez, Carlos Ramos, Frankie «Sabath» Girón y Wensley Bellido, y José Manuel Zambrana y yo como cantantes.

Cantábamos primero en las marquesinas y en los garajes de todo el vecindario. La mamá de José Manuel, doña Gloria, tenía un salón de belleza en su casa y la esposa de uno de los presidentes del club social del pueblo era su cliente. Nos escuchó en unos de los ensayos y le debió gustar cómo sonábamos porque nos invitaron a cantar ese verano en el área de la piscina del club.

Era el Club Deportivo de Ponce, y hasta el día de hoy es el lugar donde va la sociedad de la ciudad. Era una gran casona, sencilla, amplia pero bonita,con canchas de tenis, voleibol, y otros deportes. Tenía un área central con una barra donde se servían tragos y comida y un área de piscina donde los miembros compartían con sus familias. Había un área adyacente donde cantábamos nuestra música, los *hits* del momento. Era la época fuerte de Raphael y de Sandro, y José Manuel cantaba esas canciones, mientras que yo cantaba canciones románticas una que otra canción en inglés y varios duos con José Manuel.

Mientras la gente de la alta sociedad iba al Club Deportivo a descansar y a divertirse, yo iba solo a trabajar. Muchas veces me daban ganas de meterme a la piscina, por ejemplo, pero a nosotros los del grupo no nos lo permitían. Me daría un poco de tristeza el recuerdo si no fuera por la simpática ironía, claro, de que hoy soy miembro honorario del Club Deportivo de Ponce. Pero en esa época, ni soñar. Es más, en esa época, ¡hasta me llegaron a echar del club!

Nuestros padres no tenían el dinero ni la posición para ser socios del Club Deportivo de Ponce. Para ser socio, un miembro del club te tenía que «presentar», y un comité aceptaba o no tu ingreso. Mi familia no calificaba para ser presentada, pero como yo cantaba en el grupo, nos contrataban de vez en cuando y solo así podía ir.

El club celebraba eventos muy buenos. Una vez me colé a una de las fiestas. Ni era socia ni estaba invitada. Pero a mí me daba igual. Me moría de ganas de entrar y disfrutar. Me vestí bien bonita y convencí a una amiga que sí era socia para que me ayudara. Me metí en el baúl de su carro y así entré. Llegamos a la fiesta y me puse a bailar como si nada, tratando de no llamar la atención para que no me notaran. De repente llegó un señor, me tocó el hombro y me dijo:

—Señorita, qué hace usted aquí? Usted no es socia...

Me sacaron de la fiesta. Me fui muy tranquila y por unos minutos me sentí feliz de estar ahí. No me molestó que me sacaran. Sabía que era una verdadera posibilidad ser descubierta. Pero fue una aventura y lo disfruté. El asunto de las diferencias de clase no lo entendía muy bien. Me parecía un poco injusto, especialmente porque yo tenía compañeras de escuela que eran socias del Club Deportivo y yo no comprendía muy bien porque mi familia no podía serlo. Cuando me explicaron las razones, tampoco me pareció justo.

Pero al final, las diferencias sociales no eran un tema de mi preocupación y aunque lo veía, más que frustrarme, me parecía extraño. En mi casa, en mi vecindario, éramos todos iguales. Teníamos la riqueza del amor, el apoyo y actividades en las que participaba todo el mundo. No teníamos clubes. Teníamos el parque de pelota, las calles, los patios, la escuela, en fin, todo lo necesario para sentirme feliz. No ser de la sociedad no me afectaba y tampoco me quitaba el sueño.

Muchos años después, cuando ya era bien conocida, tenía mi programa de televisión y me convertí en una figura importante del país, me llegó una propuesta para ir a cantar al Club Deportivo de Ponce. Entonces, en honor a los viejos tiempo, decidí ir.

Sobra decir que la generación que estaba allí era otra, pero cuando llegué era como si estuviera entrando en una cápsula del tiempo, porque no había cambiado nada. Fueron muy amables. Había una alfombra roja y un camerino preparado donde vino todo el mundo a saludarme antes y después de la presentación. Me dijeron: «Estamos muy honrados con tu visita porque eres de Ponce y sabes que te queremos».

Pensé en mi adolescencia, en aquellos días en que hubiese dado cualquier cosa por entrar. En las fiestas que me hubiese gustado disfrutar. Sonreída pensé: *¿Me quieren? ¿Entonces por qué nunca me dejaron entrar?* Fue un momento muy bonito, pero yo tenía esa espinita dentro de mí y decidí sacármela. Salí al escenario, canté mis canciones y en un momento dado aproveché la oportunidad para compartir.

—Tengo que contarles una anécdota muy graciosa.

Les conté toda la historia. Me escuchaban muy atentos. Yo misma no podía creer que estaba compartiendo algo que por años había guardado en mi corazón. Al final de mi relato ya estaba todo el mundo riéndose. Me resultaba tan graciosa toda la escena, hasta mis músicos estaban a carcajadas. Luego salió el presidente del club y me anunció muy solemnemente:

—Tú eres miembro honorario de este club.

Todos aplaudieron. Hasta yo misma.

Y, sí lo soy, de muchas maneras.

En el Club Deportivo no sólo canté con The Kids from Ponce, sino que no mucho después de que me echaran de aquella fiesta, también concursé como Miss Teenage Ponce, ¡y gané! Yo no era socia del club, pero allí me hicieron mi fiesta de coronación.

Mi participación en Miss Teenage Ponce, que pareciera ir contra todo lo que soy, terminó siendo una experiencia maravillosa. En la época en la que yo participé no era un concurso de belleza sino un concurso donde se evaluaba la participante en tres partes principales: el 60 por ciento era conocimiento general con un examen escrito parecido al que se toma para ingresar a la universidad. El 20 por ciento era talento y el otro 20 por ciento era porte y personalidad. De hecho, se desfilaba en traje de gala, no en vestido de baño. Participé porque una amiguita mía ya lo había hecho. Era una excusa para salir de la rutina y para irnos a los centros comerciales a recaudar dinero, porque el concurso se llevaba a cabo para una institución benéfica que le daba servicios a niños minusválidos. Me parecía la combinación perfecta porque apoyábamos a una buena causa, salíamos de la casa y me entretenía con mis amiguitas. Además, había la posibilidad de que me dieran una beca para estudiar en una universidad, y como era bien estudiosa, eso de inmediato me llamó mucho la atención.

Después de ganar Miss Teenage Ponce, fui a concursar a Miss Teenage Puerto Rico, en San Juan. Fue bien emocionante, pero también bastante gracioso.

Estaba feliz de ganar Miss Teenage Ponce, pero la verdad es que no me lo esperaba y mucho menos esperaba nada con Miss Teenage Puerto Rico. Entonces, se me ocurrió la brillante idea de cantarle algo a la ganadora junto con José Manuel, mi compañero de The Kids From Ponce.

Lo llamé y le dije:

—Jose, vamos a la coronación de Miss Teenage Puerto Rico. Estoy participando pero estoy segura que no voy a ganar. Asi es que cuando coronen a la ganadora, entramos los dos a cantarle a la nueva Miss Teenage Puerto Rico. ¿Qué te parece?

José Manuel me dijo que sí. Ensayamos todo: la entrada por el centro, la canción, todo. Sería un momento bien emotivo para la ganadora y para nosotros...sería una sorpresa. Solo los organizadores estaban enterados de lo que íbamos a hacer.

El plan era que mientras yo estuviera en el escenario, José Manuel me esperaría en el otro lado del salón, a la entrada, sin que nadie lo notara. Cuando llamaran mi nombre para eliminarme, me iría del escenario y saldría corriendo por la puerta de atrás para reunirme con él y luego caminar juntos por el pasillo central y cantarle su homenaje a la reina. Empezaron a anunciar a las distintas candidatas: la tercera finalista, la segunda finalista, y cuando anuncian a la nueva Miss Teenage Puerto Rico, yo estaba tan pendiente de hacer contacto visual con José Manuel para salir corriendo a tiempo y estar preparada para cantar que cuando me anunciaron como la ganadora empecé a aplaudir. No caí en cuenta de que la reina era yo. Yo seguía mirando a José Manuel, esperando la señal. De pronto, la muchacha que estaba al lado mío me dio un codazo y me dijo:

—¡Ganaste tú, ganaste tú!

No lo podía creer. Tenía que cantarle a la ganadora, a la reina. Y me tocó cantar con José Manuel, pero canté para mí. Fue bien gracioso, como una comedia, pero me sentí bastante ridícula. Porque, repito, yo ni esperaba ganar Miss Teenage Ponce ni Miss Teenage Puerto Rico ni Miss nada. Fue algo que hice por divertirme y por salir de la casa. ¡Hoy digo que gané por eliminación! Aunque, claro, todo tiene su razón, pues ser Miss Teenage Puerto Rico no sólo me abrió puertas sino que ayudó a emprender un camino inusitado, lleno de sorpresas y momentos inolvidables.

Mientras tanto, estar en The Kids From Ponce me estaba complicando. Habíamos empezado como una bandita local, pero comenzamos a llamar la atención. Nos llegaban invitaciones para cantar en la televisión y por la Isla y comenzaron a ofrecernos trabajo todos los fines de semana en un hotel en San Juan.

Me ponía mis minifaldas, mis trajecitos con chaleco y mis botas, y cantaba con José Manuel. Todos éramos muy amigos. Teníamos un mánager, Tony Morales, y después una muchacha que se llamaba Eloni González. Pero francamente nunca le puse atención a la cuestión del dinero. A veces nos pagaban y a veces no. Creo que a nuestros padres les costaba más llevarnos a estos shows que lo que cobrábamos, si es que cobrábamos.

Sin embargo, al poco tiempo comenzaron a surgir dificultades. Cada vez era más difícil mantener la tranquilidad entre todos. Ya no era lo mismo. Se empezaba a sentir divisiones y el ambiente se volvió poco agradable para mí. Varias veces comenzaron a aceptar contratos sin contar conmigo. Decidieron ir a cantar a Santo Domingo y no me llevaron; es más, ni siquiera me avisaron que irían. A los periodistas les dijeron que no había ido porque estaba enferma, lo cual no era cierto. Eso me molestó mucho, porque me habían dejado a un lado y me sentía herida. Me habían mentido. Me sentí muy mal y pensé por varias semanas qué hacer al respecto. Un buen día, llegué al ensayo y les dije:

—No me siento bienvenida. He decidido salirme del grupo.

Así. Sin titubear. Y de parte de ellos, no hubo ningún tipo de gesto para que me quedara. Ni por parte de Eloni ni por parte de nadie. Fue un poco raro, pero yo no estaba renunciando para probarlos a ver si me pedían que reconsiderara. Yo había tomado mi decisión.

En retrospectiva, me doy cuenta de que fue un paso valiente y atrevido a la vez. A esas edades —para ese entonces ya tenía quince años— uno no sabe el alcance de las decisiones. Por eso, supongo, es que se llama adolescencia, porque se adolece de criterio y creo que hasta cierto punto es bueno. Me permití dejarme llevar por las emociones, por el instinto. Tan pronto los periódicos publicaron que me había ido de The Kids From Ponce, recibí una llamada de Luis Vigoreaux, quien me invitó a trabajar en su programa *Luis Vigoreaux Presenta*. Era un programa de variedades y entrevistas y ocupaba los primeros lugares de audiencia en la televisión.

Luis Vigoreaux era, en ese momento, el gran señor de la televisión puertorriqueña. Una figura muy querida y respetada que había estado en pantalla por años y se consideraba uno de los pioneros del medio. Cuando lo conocí, estaba casado con la actriz Lydia Echevarría y eran una pareja mítica, glamorosa y talentosa. Que Luis Vigoreaux se hubiese fijado en mí era asombroso.

Y qué curioso que todos los caminos, de alguna manera, lleven al Club Deportivo de Ponce. Porque fue ahí que Luis Vigoreaux dijo que me había visto por primera vez, cantando con The Kids From Ponce unos años atrás. Él había ido a un intercambio deportivo al club cuando cantábamos en el área de la piscina. Ahí nos vio, le encantó y a raíz de eso nos invitó a cantar en su programa.

Esa ocasión, con The Kids From Ponce, fue la primera vez que iba a un programa de televisión importante, y me sentí como si estuviera en Hollywood. La entrada a los camerinos, sentarme para que me maquillaran y me peinaran, fue una experiencia única. Nuestros padres y familiares estaban fascinados con don Luis porque veían el programa todas las semanas.

Y que ahora él me llamara, precisamente cuando no tenía nada, era como un pequeño milagro. Además, me estaba pidiendo que cantara en su programa todas las semanas, algo que no existía, porque aunque ellos tenían una orquesta y traían artistas invitados, no había ningún artista fijo.

Esta vez, ya no tenía siete años, como cuando Alfred Herger había ido a hablar con papá la primera vez. Esta vez tenía algo más de quince, tenía la experiencia de haber estado en The Kids From Ponce y al poco tiempo, de ser Miss Teenage Puerto Rico. Esta vez, Papi me preguntó:

—¿Lo quieres hacer?

Y yo le dije que sí.

6

SOY EDNITA, SOY CANTANTE

L a plataforma más grande que tuve al comienzo de mi carrera fue el programa de Luis Vigoreaux. Y creo que a José Feliciano, en sus comienzos, también Don Luis lo apoyó mucho.

Lo recuerdo muy bien. Don Luis era alto y delgado, muy elegante, con porte y figura y tenía una voz preciosa, una sonrisa muy sincera y una energía maravillosa. Era muy simpático y hasta bromista, pero en la televisión, en ese programa particularmente, era todo un caballero, muy formal en su forma de hablar y de conducirse.

Desde que lo conocí, sentí una familiaridad, una sensación de confianza, como de toda la vida, y él me trataba como si fuera su hija.

El día de mi debut como solista en *Luis Vigoreaux Presenta* llegué con mi mamá temprano para ensayar. Papi nos llevó a Mami y a mí hasta el estudio y ahí nos dejó. No se quiso quedar porque prefería verme por televisión. Creo que fue su excusa para que yo no viera lo nervioso que estaba.

Iba a cantar con la orquesta de planta, la orquesta de Babo Jiménez, una *big band* de quince músicos que era muy famosa en ese momento.

El director de la orquesta me dijo:

—Dame tu arreglo.

Entonces yo le respondí:

—¿Y qué es eso? ¿Qué es un arreglo?

Para mí, un arreglo podía ser componer algo roto o un arreglo de flores.

¿Un arreglo?

Se sonrió porque se dio cuenta de mi inexperiencia en lo que estaba a punto de suceder.

—Bueno, las partituras para que la banda toque —me respondió.

—Yo no tengo ningún arreglo —le dije—. Yo no tengo nada.

Uno se imagina que eso habría podido salir muy mal, pero no fue así. El director de orquesta era un señor divino, y no hubo crisis ni problema. Por el contrario, al ser yo tan jovencita, les pareció todo muy divertido.

—Bueno, pues vamos a sentarnos a ver qué canción quieres cantar y yo voy a hacer una guía —me dijo con infinita paciencia.

La canción que quería cantar no tenía nada que ver con ser una nena. Era «This Is My Life», que cantaba Shirley Bassey y que en español se llama «La vida». Es una canción muy seria, de gran cantante, muy profunda y muy dramática que habla sobre cómo salir adelante después de una gran adversidad. Ese fue mi debut y ellos me hicieron el arreglo allí mismo. Nada de música pregrabada, nada. En vivo, en directo, todo el mundo. Para mí fue muy valioso aprender así, desde el principio, y es una de las razones por las cuales hasta el día de hoy, mis shows son enteramente en vivo. Esa fue mi escuela: el programa de Luis Vigoreaux.

Yo estaba nerviosa, no había margen de error. Pero no era el «en vivo» lo que me asustaba, pues al fin y al cabo ya llevaba mucho tiempo cantando en un escenario. Lo extraño era cantar con una banda que no era la mía. Esto no era The Kids From Ponce, era una gran orquesta de músicos profesionales. Yo sentía que estaba con una filarmónica. Y a pesar de los nervios, estaba muy emocionada con ese batallón de músicos detrás.

Antes de cantar nos llevaron al salón de maquillaje donde la señora encargada, la jefa absoluta, era una mujer de personalidad enorme, que se llamaba Carmen Andino, y a quien le dio mucha gracia que me llevaran donde ella.

—Pero, ¿qué voy a hacer contigo? —me dijo—. Eres muy chiquita para usar maquillaje!

Pero, como casi todo lo que decía, era broma. Me senté en su silla, frente a un despliegue enorme de cajitas, brochas y esponjas y me pareció fascinante verla en acción. Una maquillista famosa, profesional, y yo estaba a punto de ser atendida por ella. ¡Qué emoción! Doña Carmen me maquilló, me peinó, me dejó lista y arreglada y me llevaron al estudio. Hacía mucho frío, como en todos los estudios de televisión. No había público. Todo estaba oscuro, con excepción del escenario. ¡Qué distinto era todo a lo que veíamos en televisión! Los grandes espacios eran más pequeños, las paredes y estructuras eran solo fachadas pintadas, y los aplausos... ¡grabados! Pero ¡qué bello se veía en mi televisor!

Comenzó el programa. Y cuando llegó mi turno, Don Luis, con esa simpatía que lo caracterizaba, me presentó. Yo estaba detrás de las cámaras y tenía el corazón que se me iba a salir del pecho, una mezcla de nervios y emoción. Habíamos ensayado todo esa tarde y estaba tranquila por esa parte, pero no dejaba de ser intimidante. Me habían dicho por dónde caminar y había una «X» marcada en el piso para que no me saliera de esa área de luz. Tenía puesto un trajecito rojo corto con una banda azul marino en la cadera que me había regalado mi madrina.

Salí, caminé hasta la «X» y me quedé ahí paradita, sin moverme, tal como me habían indicado, y esperé a que comenzara la orquesta.

Y canté.

Cuando terminé, escuché ese aplauso grabado, tan familiar para nosotros, pero también todos los que estaban en el estudio igualmente aplaudieron. Los músicos, Babo, el director de orquesta. Hasta Luis Vigoreaux vino y me dio un abrazo delante de las cámaras.

Mi mamá estaba ahí, en una esquinita mirando, súper nerviosa, mucho más que yo. Pero esta vez yo no podía salir corriendo a saludarla como había hecho en el Teatro La Perla, aunque era lo primero que quería hacer. Es que todo lo que yo hacía pasaba por mi mamá; necesitaba esa sonrisa y esa aprobación de su parte.

Y, por supuesto, una vez acabamos la celebración, lo primero que me preguntó el director de la orquesta fue:

—¿Qué vas a cantar la semana que viene? Para hacer el arreglo. ¡No me vuelvas a hacer esto!

Y así hicimos por más de seis meses. Yo escogía la canción, esa misma semana él hacía el arreglo y yo llegaba la otra semana y cantaba. De todo: música tradicional puertorriqueña, boleros, standards americanos, top 40s, lo que yo quisiera lo podía cantar. Fue también el verdadero comienzo de mi carrera profesional, porque me pagaban un sueldo de veinticinco dólares por programa, que no alcanzaba ni para el traje, pero en ese entonces no me importaba. Lo único que yo quería era cantar, y en ese show me dieron la primera oportunidad de hacerlo y con un sueldo, por más mínimo que fuera.

Luis Vigoreaux y su esposa Lydia me trataban como a una hija.

—Te quedó bello, hija —me decía después de las presentaciones.

Si mis papás no me podían acompañar hasta San Juan a grabar el programa, Papi me dejaba en el Aeropuerto Mercedita en Ponce y Luis Vigoreaux me recibía en el aeropuerto de San Juan, y me alojaban en su casa. Casi siempre cenábamos ahí, o salíamos a algún sitio o hasta me traía comida al canal. Para mi graduación del cuarto año de bachillerato, mandaron cámaras y pasaron la filmación en el programa. Luis Vigoreaux fue mi gran aliado, mi mentor y así fue durante toda su vida, incluso después de que dejé el programa. Él siempre venía a mis shows, y si no podía hacerlo, estaba pendiente. Cada vez que yo tenía una presentación en un hotel o un teatro, el arreglo de flores de Luis Vigoreaux nunca faltaba.

La bella imagen de Luis y su esposa en la cima del mundo artístico se esfumó años más tarde, en 1983, cuando todo Puerto Rico recibió la trágica noticia de que Luis Vigoreaux había sido asesinado. Fue uno de los momentos más tristes de mi vida. No sólo por la muerte de Luis, a quien debo gran parte de mis comienzos musicales, sino por su esposa Lydia, quien fue enjuiciada como la autora intelectual del asesinato. Fue uno de los crímenes más famosos y terribles en la historia de nuestra isla. Durante un tiempo, no se hablaba sino de eso y lo ocurrido se narró con gran lujo de detalles en la prensa nacional e internacional. Pero lo que para otros era quizás un interés morboso, para mí personalmente fue devastador. Don Luis me compartió su fama, me dio muchos consejos que atesoro, me regaló su confianza y su cariño y me abrió las puertas al mundo al que pertenezco hasta el día de hoy. Y por eso le estaré eternamente agradecida.

El programa de Luis Vigoreaux tenía una visibilidad extraordinaria, y con cada presentación mi fama y mi notoriedad fueron creciendo. Fue paulatino, pero lo empecé a sentir. Ir de tiendas, que era mi paseo favorito, se fue convirtiendo en otra experiencia porque ya la gente me notaba. Me paraban mucho, me pedían autógrafos, querían tomarse fotos conmigo.

«¿Tú eres Ednita?», me preguntaban en la calle. Nunca me molestó, al contrario, me gustaba saber que lo que hacíamos en televisión lo veía mucha gente. Hasta a mi hermano Pancho, que venía mucho con nosotros a las presentaciones en los hoteles y era el encargado de traerme los papelitos y servilletas para firmar después del show le empezaron a preguntar en el colegio por mí. Pero aun así, para mí, nunca fue nada del otro mundo. Papi y Mami me mantenían con los pies en la tierra y nunca hubo trato preferencial en mi casa. Era una niña normal, con una dinámica familiar como todos los demás, y mi relación con mis hermanos nunca cambió.

La gente me reconocía en la calle, miles de personas me veían cantar todas las semanas, pero para mí todo seguía igual. Yo seguía siendo la misma de siempre. Y la verdad es que como hice mis primeros pasos en el mundo artístico a tan corta edad, ser conocida no me distorsionaba mi realidad cotidiana. Cantaba, pero también estudiaba, participaba en actividades como todos los demás. Lo bueno es que mi desarrollo en el —por así llamarlo— mundo artístico, fue gradual y siempre de la mano de mis papás. Ellos me apoyaban en todo lo que yo quería hacer, pero a la vez, yo era parte de una familia y dentro de nuestra familia, mis hermanos eran tan especiales como yo. El hecho de que yo hiciera algo diferente, algo que me hiciera destacar en el mundo artístico, no me hacía ni mejor ni peor que ellos. Éramos todos iguales. De la misma forma, en el ámbito profesional mi mamá siempre se encargó de enseñarme a ser educada, agradecida y bien comportada porque para ella en eso no había término medio. Doña Gudy era estricta. Dulce, cariñosa, pero estricta.

Cuando empecé a cantar en los hoteles, por ejemplo, mi mamá siempre me obligaba a sentarme con una cajita de *thank you notes* a darle las gracias a todo el mundo; a la señora que me limpiaba el cuarto del hotel, al director de la orquesta, a los músicos, a los técnicos. En fin, a todas las personas que de una u otra forma habían participado o propiciado mi buen trabajo. Me enseñó que nada de lo que tenía —y lo que tengo hasta el día de hoy— es un derecho, sino más bien todo lo contrario. Todo lo que tengo, todo lo que he logrado con el talento que Dios me dio, es un regalo de la vida por el cual tengo que estar agradecida cada día de mi existencia. Mis papás me inculcaron ese sentido de conexión, de gratitud y de humildad desde muy pequeña. Y gracias a eso creo que puedo decir que tengo una base sólida sobre la cual he construido ésta vida, una vida de la que me puedo sentir orgullosa.

Yo sé que mi trabajo no es usual. Ser cantante y tener éxito a un nivel comercial grande no es fácil. He trabajado duro, he sacrificado muchas horas, muchos días, por forjar mis sueños. También entiendo que hay una gran dosis de suerte. Pero ni el éxito ni la suerte me colocan por encima de nadie. Siempre he sentido que formo parte de un todo y que la única persona con la que compito es conmigo. Desde muy temprana edad tengo un sentido de responsabilidad grande conmigo misma y con los que me rodean. Siempre he tenido los pies en la tierra, no me siento mejor que nadie. Pero tampoco siento que nadie es mejor que yo. Me he comportado de la misma forma con la gente que me rodea; desde que era desconocida y hasta el día de hoy, siempre he sido igual.

El hecho de tener a mis papás encima desde el arranque me ayudó a navegar lo que vino después. Y vino muy rápido. Porque a los pocos meses de estar en el programa de Luis Vigoreaux, me escucharon cantar dos personas esenciales para mi carrera: una fue José Feliciano, quien vino a ser un gran padrino de mi música. El otro fue José Ferrer.

José Feliciano era invitado frecuente al programa de Luis Vigoreaux. Don Luis fue un gran amigo y mentor de José Feliciano, así como también lo fue para mí. Durante una de las temporadas de

José en Puerto Rico coincidimos en el programa y me escuchó. Le dijo a Luis:

—Esa niña tiene un gran futuro. Va a ser una gran artista.

A partir de ese momento, José Feliciano abogó mucho por mí e incluso cuando le hacían entrevistas y le preguntaban cuáles artistas él pensaba que tenían talento, siempre me mencionaba. Lo hizo en muchas ocasiones. Años después, cuando surgió la idea de *The Capeman*, la obra en Broadway, él le habló a Paul Simon de mi y me sugirió para el papel que eventualmente interpreté.

En cuanto a José Ferrer, para entender la importancia de que alguien como él se fijara en mí, hay que preguntarse cuántos actores puertorriqueños han ganado un Oscar en la historia. Creo que los contamos en una mano. José Ferrer fue el primero, en 1950, por su papel como Cyrano de Bergerac. Claro, para cuando yo lo conocí ya habían pasado más de veinte años de haberlo recibido. Pero José Ferrer era José Ferrer: un ícono internacional, respetado y admirado por una trayectoria inigualable.

Luis Vigoreaux lo invitó al programa. Esa noche canté «Somos novios» de Armando Manzanero, en una versión que hacía en inglés y en español. José Ferrer se me acercó y me dijo que nunca dejara de cantar esa canción, porque se adecuaba mucho a mi color de voz y capturaba mis sentimientos. Yó era muy joven, pero romántica. Luego se le acercó a Luis Vigoreaux, quien para ese entonces me había tomado definitivamente bajo su ala y le dijo:

—Tenemos el evento del Celebrity Night en el Variety Club y creo que es un buen sitio para que la vean.

El Variety Club era un club cívico en Puerto Rico compuesto por la gente de la industria. Una vez al año, todos los artistas que estuvieran presentándose en los distintos hoteles de la isla se reunían para el

Celebrity Night, evento en el que se recaudaban fondos para distintas instituciones benéficas. Se trataba de artistas de primera línea como Liza Minnelli, Sammy Davis Junior, o Tom Jones, entre muchos.

José Ferrer me dijo:

—¿Por qué no vienes y cantas una canción?

—¡Vamos! —le dije yo sin titubear.

Y claro, el más emocionado por la invitación fue Luis Vigoreaux.

—Va a ser una exposición tremenda para ti —me dijo.

El evento tenía lugar en el Hotel Américana en San Juan.

Por lo general, cuando se hacen espectáculos con muchos artistas, el menos conocido canta primero, y pensaba que sería yo. ¡Era la única «desconocida» de la noche! Hacía televisión, pero comparada a los que se presentarían allí, estaba segura que iniciaría el espectáculo, o como decimos en la industria, me tocaría «abrir». Canté «La vida / This Is My Life», la misma canción que en aquel primer programa de Luis Vigoreaux. Me la sabía muy bien y además era una canción que podía cantar en español y en inglés.

Esa noche me dieron una *standing ovation* (un aplauso de pie), o lo que yo llamo *spring standing ovation*, de esos en los que la gente se pone de pie a la misma vez.

Estar en ese espectáculo era importantísimo. Una gala benéfica con la crema de la clase artística y la sociedad de la capital. Pero de pronto me asaltó la duda de si tendría lo necesario para estar ahí y hacer un buen papel. No me refería a si podría cantar o no. De eso estaba completamente segura. Era lo otro. ¿Qué me pongo? ¿De dónde sacaríamos un vestido apropiado, un traje de gala, para pararme en ese escenario junto a estrellas como las que ahí había? No era cuestión de competir. Pero definitivamente, en mi guardarropa no había nada adecuado para ese evento. Y, claro, todos los caminos regresan a Ponce, porque todavía vivía ahí y no tenía dinero. Entonces ¿quién me prestó el vestido que yo usé esa noche? La misma amiga que me coló en el baúl de su carro para poder entrar a aquella fiesta en el Club Deportivo de la cual me habían echado todos esos años atrás: Margie Castro. Ella tenía un gusto extraordinario y una colección enorme de trajes de gala. Me prestó un vestido que yo jamás me hubiese podido comprar. Era del nivel que se necesitaba para un evento de esa magnitud y que nosotros no podíamos costear. Margie fue un ángel para mí y me prestaría a lo largo de los años hermosos vestidos para muchas ocasiones. Para esta, me dio un traje de chifón blanco con unas incrustaciones en pedrería. Era un traje largo con una capa muy bonita, muy recatado y elegante. Lo usé muchas veces, pero esa fue la primera, y definitivamente me trajo buena suerte. José Ferrer vino a saludarme después de la presentación y fuimos a cenar con mi mamá, mi papá, José Ferrer y su representante. Pero la cena no era sólo para celebrar. José me tenía una propuesta.

—Mira —me dijo—. Voy a tener una presentación en Puerto Rico en un par de meses y me encantaría que vinieras a cantar conmigo.

En ese momento, no reaccioné. Me mantuve muy serena y muy tranquila y le dije: «Gracias, qué honor». Pero apenas quedamos mi papá, mi mamá y yo solos en el hotel, empecé a gritar y a saltar por toda la habitación. Mis padres se reían porque yo no entendía el alcance de lo que me estaba sucediendo. Para mí era una oportunidad de cantar todas las noches en un lugar precioso y junto al señor José Ferrer. El peso de la responsabilidad que representaría para mí a tan corta edad, lo entendían ellos. Yo no. Pero estaban emocionados. Y eso sí era evidente para mi. Cada vez que me sucedía algo bueno, mi mamá se echaba a llorar. Mi papá era un poquito más reservado con sus lágrimas, pero lloraba también. Lágrimas de alegría, pienso yo. Por mucho tiempo vi esa emoción, y nada me hacía más feliz. Esos momentos que pude compartir con ellos fueron inolvidables, imborrables.

Ahora que tengo una hija entiendo que uno se emociona muchísimo más cuando le suceden las cosas a los hijos que cuando le suceden a uno mismo. Para mis papás, que venían de un pueblo tan pequeño, de una familia tan humilde, y de pronto ver cómo la vida me llevaba por un rumbo totalmente distino y desconocido era algo inconcebible. Estoy segura que se cuestionaban lo que me estaba pasando. Y hasta qué punto llegaría todo esto. Antes de regresarnos a Ponce, cerramos el acuerdo con José Ferrer y quedamos en que debutaría en un par de semanas. Y si hay un momento que tengo perfectamente grabado en mi mente es ese primer día de ensayo.

José Ferrer. La gran estrella. Ganador de un Oscar. ¡Y me invitó a ser su *opening act!* Era como una película. Nada de lo que estaba sucediendo parecía verdad. El día del ensayo y del primer show llegué con mi mamá —siempre presente Mami— al salón de espectáculos del Hotel Flamboyan, un lugar muy elegante y exclusivo. El plan era que cantara tres canciones, y por supuesto, entre las que había preparado estaban «This Is My Life» y «Somos Novios». Ser bilingüe era una ventaja, porque el público que asistía los espectáculos era internacional. Además me encantaba la música en inglés, y gracias en parte a mis hermanos podía hacer un show completo en inglés si se requería.

Y como había aprendido mi lección después de lo sucedido el primer día en el show de Luis Vigoreaux, también traje conmigo los arreglos para la orquesta, una orquesta grande y maravillosa.

Cuando llegamos al ensayo, el mismísimo José Ferrer bajó para recibirme y decidió quedarse para verme ensayar. Canté las canciones que tenía preparadas y él me escuchó atentamente. Pero una vez terminé, me dijo:

—Vamos a ensayar esto —y me entregó un arreglo de «Cuando vuelva a tu lado», la versión original en español de «What a Difference a Day Makes»—. Vamos a cantar esta canción a dúo.

¡Yo no lo podía creer! No sólo iba a abrirle el show a José Ferrer, ¡ahora me estaba pidiendo cantar a dúo! ¡Por supuesto que le dije imediátamente que sí!

Ensayamos la canción y salió lindísima, los músicos empezaron a aplaudir y el director estaba emocionado. José Ferrer me abrazó y me besó y me dijo:

—Qué bello cantas. Voy a hacer algo: tú no vas a abrir mi show.

—¿No? —le pregunté algo confundida—. ¿Y entonces qué yo voy a hacer?

—Yo te quiero presentar —me respondió—. No quiero que salgas en frío. —Él no quería que el maestro de ceremonias me presentara al comienzo del show. Quería presentarme en la mitad él mismo—. Yo tengo que hacer esta historia —dijo.

Hay una gran diferencia entre abrir un show para alguien y ser el invitado especial. José Ferrer, al convertirme en su invitada especial, de alguna manera me estaba apadrinando.

Me volví a poner un vestido que me prestó mi ángel Margie Castro. Era bello, de un azul agua, con unas flores bordadas de color violeta. Era muy elegante para mi edad, pero me quedaba lindo. De hecho, ese traje lo tengo todavía, porque después de aquella noche, Margie me lo regaló.

El público esa noche era en su mayoría, americanos y algunos puertorriqueños.

Vino toda mi familia, mis hermanos, mis vecinos, mi papá, que ya para entonces, no se perdía ningúna de mis presentaciones. Yo estaba tras bastidores observando mientras José Ferrer cantaba la primera parte de su show. Estaba un poco nerviosa, pero había ensayado lo suficiente, ¡como si se tratara de un exámen final!

José Ferrer nunca me dijo cómo me presentaría. Cuando llegó el momento, habló de cómo él había viajado por el mundo, que se había encontrado con mucha gente talentosa en el camino y que tenía una sorpresa. Quería decir que me había descubierto, pero que había mucha gente que podría decir lo mismo. Que como era la primera vez que me presentaba, para que no me pusiera nerviosa, le pedía al público, que me dieran un cálido aplauso.

Salí al escenario con mi flamante traje azul prestado y ¡me sentí como una princesa! Canté, canté con toda mi alma! Hize la primera parte de «What a Difference a Day Makes», y en la mitad ¡salió José Ferrer! Cantamos juntos tal como habíamos ensayado, y el salón estalló en aplausos. Todo —la presentación a mitad del show, el dueto— fue una gran deferencia de su parte hacia mí. Sus palabras, su apoyo y la oportunidad de compartir un escenario con él es algo por lo cual siempre estaré profundamente agradecida.

Hicimos una temporada de dos semanas en total. Cantábamos todas las noches, excepto los lunes. Me acuerdo que me pagaban unos trescientos dólares a la semana y me sentía como millonaria. Me daban una habitación en el hotel pero yo tenía que pagar mis gastos. No sé cómo hicieron mis padres para administrar ese dinero, pero seguramente tuvieron que sacar de su bolsillo para sufragar esa aventura. Sobre todo porque a mi hermanito Pancho le encantaba invitar a comer a todo el que conocía en la piscina y ¡me lo cargaba a la cuenta de mi habitación!

Algo que me llamaba mucho la atención era ver a José Ferrer terminar el show y quedarse en su camerino, a recibir a quienes vinieran a pedir un autógrafo o a tomarse una foto. No se iba hasta atender a la última persona de la fila.

Me gustaba quedarme en su camerino con él y ver a la gente emocionarse cuando lo tenían de frente. Él siempre atento y cordial, y aunque en el fondo yo sabía que estaba cansado, no lo hacía evidente y recibía a todos con una sonrisa. En esa época yo tenía un programa de radio en una emisora de Ponce, la WEUC y aprovechaba mis viajes a San Juan a trabajar para entrevistar a los artistas que iba conociendo. Una noche, luego de haber atendido lo que parecía una fila interminable de gente, le pregunté :

—¿Cómo es posible que un hombre como usted, tan famoso, tan importante, sea tan accesible y se tome el tiempo de recibir a toda esta gente después de un show, cuando usted debe de estar súper cansado? ¿Por qué usted hace eso?

Entones me respondió:

—Mira, te voy a decir algo, y espero que no se te olvide: la grandeza del hombre se mide por su humildad. Yo estoy agradecido de que esa gente haya venido aquí, a sacar tiempo de su vida y dinero de su bolsillo para compartir un rato conmigo. Yo se los agradezco. Ellos son los que me dan de comer y ellos son los que permiten que yo haga lo que yo estoy haciendo, que es lo que más me gusta, y yo les tengo que agradecer. Además, ¿en qué otro momento me van a ver? Este es el único. Yo quiero que su experiencia sea memorable.

Sus palabras me marcaron de una manera impresionante, y debo decir que vi lo mismo más adelante en otros grandes artistas con los que tuve la oportunidad de compartir. Los más famosos son la gente más accesible, los que están ahí para su público. Gran lección de vida.

Esa frase, «La grandeza del hombre se mide por su humildad», que me dijo José Ferrer cuando yo tenía dieciseis años, nunca se me va a olvidar. La he comprobado en infinidad de ocasiones: la gente «grande» no pierde su don de gente. No se marean con la fama. Me da mucha lástima cuando encuentro a artistas que no tratan a su público con respeto y que se sienten más importantes de lo que son. Para mí la fanfarronería y la prepotencia no son más que inseguridad. Como dice esa famosa frase; «La fama no te cambia, te descubre».

Lo que persigo a través de la música es convocar y provocar emociones. Yo convoco a que escuches una historia de la vida, de tu vida y que te identifiques. Yo soy la que está emanando el lazo. Tomo la iniciativa de acercarme a ti con la música que canto, y está en ti decir si quieres o no acercarte a mí. Espero y deseo que las historias que te comparto te sirvan para verte en ellas. Que las puedas usar para pensar, reírte, llorar, bailar, fortalecerte o simplemente para lo que quieras sentir. Vivo para eso, para acercarme a ti y ser parte de tu vida con mi música.

Entonces, si yo soy quien inicia el gesto, ¿por qué voy a rechazar a la persona que me lo devuelve? Eso es lo que no me cuadra. Y eso lo aprendí durante esa época. Inicialmente yo era el *opening act* de todos estos artistas importantes, pero más adelante fui ganándome mis propios seguidores. Poco a poco empecé a darme a conocer tanto con locales como con los turistas americanos. Y así fue como pasé de ser el *opening act* a ser la artista principal.

Cuando lo cuento así, suena como un camino muy largo. Y quizás lo fue. Pero tengo la convicción de que es la mejor manera de construir las carreras sólidas. Yo estoy muy agradecida por el camino que me tocó, y no cambiaría nada. Veo la vida y la carrera como algo paulatino, paso a paso, con tiempo para evolucionar como persona y como artista. No fue un proceso vertiginoso y eso me dio la gran ventaja de ir madurando poco a poco. Para mí el éxito es como un maravillosa cadena de eslabones sólidos, forjados con pasión, disciplina, perseverancia y amor.

Y es también por eso, porque fui construyendo una carrera sólida, paso a paso y sin prisa, que los resbalones, que son inevitables, no me han dolido tanto y más bien me han ayudado a crecer y madurar como persona.

No puedo obviar el hecho de la presencia de mis padres porque me evitaron estar demasiado expuesta. Algunas veces tuve acercamientos estrambóticos, hombres obsesionados, pero esas situaciones se dan al ser una figura pública.

Hoy, claro, el cordón de seguridad que tengo es más eficiente. Y me cuido de no arriesgarme demasiado. Pero no soy paranoica porque me gusta salir, y procuro no privarme de vivir, de hacer cosas que me hacen sentir plena y feliz. He visto compañeros, a lo largo de toda mi vida, que se vuelven hermitaños, no viven y son exitosos pero infelices. Eso no es para mí. En algún momento de mi vida, me tocó esa experiencia y fue lo suficientemente traumática como para evitarla por el resto de mi existencia.

Por eso hice un compromiso conmigo misma: crear un balance. Sé lo que conlleva ser figura pública, pero no me voy a privar de vivir. Si quiero salir, ir al cine, a pasear, o a lo que sea, voy. Tal vez me tardo un poco más porque si me reconocen y me piden fotos o autógrafos, nunca me niego. Pero incluso en Puerto Rico, donde todos me conocen, he tratado de mantener ese balance siempre.

En gran medida ese balance me lo dio mi hija: yo no la iba a privar de tener una vida normal.

Pero también, ese ejemplo me lo dieron mis padres, que desde el comienzo de mi carrera estuvieron conmigo y me enseñaron a tener los pies bien puestos en la tierra. Incluso con todo lo que pasaba a mi alrededor a los dieciséis años, nunca me dejaron olvidar que tenía una familia y que no era ni más ni menos que mis hermanos.

Por eso, hasta el día de hoy, no asumo que todo el que conozco tiene que saber quién soy o a qué me dedico. Y cuando me presentan digo:

—Soy Ednita. Soy cantante.

7

LA VIDA DE ARTISTA

Mientras trabajé en el programa de Luis Vigoreaux, mi tren de vida todavía era manejable porque el show se hacía los viernes. Mis padres me mandaban en avión de Ponce a San Juan el viernes en la tarde y me recogían al otro día, o mi papá me llevaba en auto. Esa rutina duró un poco más de seis meses.

Pero después de la temporada que pasé trabajando con José Ferrer, todo cambió. A partir de ese momento me empezaron a contratar para que cantara sola en los espectáculos de los hoteles, y a partir de ese momento la vida se nos complicó más. No sólo por los horarios nocturnos, sino porque seguía asistiendo a la escuela en Ponce.

Al comienzo todo parecía ir bien, pero al poco tiempo los viajes constantes entre Ponce y San Juan complicaron mucho las cosas. Me resultaba muy difícil porque apenas dormía y cada vez que había una presentación en San Juan, mis padres tenían que manejar tres horas para llegar de un lado a otro. Cruzábamos la cordillera completa por una carretera tortuosa, con muchísimas curvas y bastante peligrosa.

Los días en que tenía presentación, Papi salía del trabajo directo a recogerme en la escuela y así, en uniforme y con libros, emprendíamos el camino. Llegábamos a las siete u ocho de la noche. Me sentaba a hacer las asignaciones, me bañaba, me vestía y hacía la presentación de la noche. Tan pronto salía del escenario me ponía mi pijama y me subía al carro. Papi manejaba de regreso y llegábamos a casa a las tres de la mañana. Una locura. Él dormía un rato, yo dormía otro rato, y a las siete de la mañana me volvía a levantar para ir a la escuela.

Ese tren de vida lo llevamos por un par de años pero fue muy difícil. A medida que fue pasando el tiempo yo comencé a ausentarme. Si tenía presentaciones en San Juan durante el fin de semana, nos quedábamos en el hotel donde se hacía el show. Y si no tenía exámenes, me quedaba también en San Juan —con mis papás o con alguna amiga—, pero igual tenía que estudiar todos los días pues me enviaban las asignaturas de toda la semana por adelantado. Ni mis padres ni yo quisimos que yo dejara de estudiar, lo cual hacía que la carga de trabajo para mí fuera doble. Mientras que mis compañeros y compañeras de clase podían pasarse el fin de semana descansando y disfrutando con familiares y amigos, yo tenía que dedicar todas mis horas al trabajo o al estudio. Y eso, puedo decir, me forjó el carácter.

Pero por más disciplinada y aplicada que fuera, llegó un momento en el que no pude más. Estaba agotada y ya no podía funcionar bien ni en lo uno ni en lo otro. Se me hacía muy pesado trabajar en San Juan y vivir en Ponce, y es que no sólo era fuerte para mí, estaba acabando con mis papás también. Estaban agotados. Sin embargo, nunca se quejaron, no decían nada. Pero yo me daba cuenta. Y sabía que no podíamos seguir así.

Cuando estaba a punto de entrar al cuarto año de *high school*, entré en la habitación de mis padres y les dije:

—No puedo más. No voy a cantar más porque no puedo más. Esto es demasiado fuerte para mí y para ustedes.

Ellos recibieron la noticia con sorpresa, claro, pues para esa época ya era bastante conocida. Algo estaba cambiando y lo que comenzó quizás como un hobby o un interés extracurricular, comenzaba a parecer una carrera, algo más contundente. Adquiría notoriedad, y estaban sucediendo cosas positivas. Yo estaba abocada completamente a la idea de seguir cantando porque me fascinaba. Pero estaba en una época de exámenes finales y me sentía completamente agobiada.

Al principio mis papás no dijeron gran cosa, no trataron de disuadirme. Simplemente me escucharon. Pero al otro día, Papi reunió a toda la familia, excepto a Alberto, que ya se había ido a vivir solo, y me dijo:

—¿Bueno, qué es lo que quieres hacer? ¿Quieres dejar de cantar? ¿O quieres seguir cantando?

Le respondí:

—Papi, yo quiero seguir cantando, pero no puedo seguir haciéndolo en estas condiciones y no me voy a ir a vivir a San Juan. Si voy a seguir cantando nos tendríamos que ir todos, y si no se puede, entonces tendré que dejarlo y me quedo estudiando.

Papi me escuchó atentamente y me dijo:

—Bueno, te voy a hacer una oferta, pero la tienes que pensar muy bien. Nosotros estamos dispuestos a apoyarte en tu carrera mudándonos para San Juan. Pero en un mes no puedes cambiar de idea y decir que no cantas más. Tienes que pensar bien esta decisión. —Obviamente, ya lo había conversado antes con mi madre. Era la pregunta decisiva, no sólo para mi vida sino para la de toda la familia.

»Es un compromiso que haces contigo, y con la familia —siguió mi papá—. Nosotros no tenemos ningún problema en irnos para allá. Tu hermano menor puede estudiar en cualquier escuela. —Él estu-

diaba en una escuela católica que tenía su equivalente en San Juan—.
Voy a pedir un traslado en mi trabajo y tu mamá tiene que dejar de
trabajar para poder estar y viajar contigo.

Yo entendí el peso de lo que me estaba diciendo. Aún siendo tan
joven sabía exactamente lo que representaría para mi familia hacer ese
sacrificio por mí. Y no era una decisión que podía tomar a la ligera.

—Déjame pensarlo —le dije a mi papá.

Al otro día, después de pasar la noche en vela dándole vueltas a
todo lo que podía salir bien o mal, le di mi respuesta:

— Sí, te doy mi palabra —le dije.

Ese momento fue trascendental para mí porque, a tan corta edad,
asumí una responsabilidad muy grande. Pero lo hice con la certeza de
lo que significaba: tenía que tomarme en serio lo que estaba haciendo.
Ya tenía trazada una meta: quería mi programa de televisión y grabar.
Ya estaba tan adentrada en el ambiente que intuía que podía seguir
luchando.

Aun así, fue un momento aterrador para mí, en todo el sentido de
la palabra. Tan aterrador que lo recuerdo claramente: ¿Cómo tuve
yo la osadía de decir «me lanzo a ésta aventura»?

Al mes, en ese verano, nos mudamos nosotros cuatro. Alberto ya
no vivía con nosotros y mi hermano mayor se quedó en Ponce. Al
estar disponible en San Juan, me empezó a surgir trabajo por todas
partes.

Para hacer las cosas de manera más profesional, decidimos que
había llegado el momento de contratar a un mánager. En aquel entonces firmamos con un agente americano llamado Hal Kay que se
especializaba en contratar el entretenimiento en los hoteles.

Desde el comienzo mis papás nunca quisieron manejarme, gracias
a Dios. Ninguno de mis hermanos, ni nadie de mi familia trabajó para
mí. Pude mantener esas dos partes de mi vida separadas y ha sido una

gran bendición. Aprecio que mi familia tienen su propia vida y no son mis subalternos.

Mi mamá decía que su responsabilidad era ser mamá y velar por mí como mamá, no como mánager; el papel de mánager lo tenía que hacer otra persona. Papi pensaba igual. Papi revisaba los contratos y velaba por mis intereses mientras yo fui menor de edad. Pero era más por mi integridad personal, por mi salud física y emocional que por mi carrera. Esa parte la manejaría otra persona.

En casa había unos parámetros bien estrictos de responsabilidad, de palabra, compromiso, no fallar, de ensayos, de acostarme temprano. Supervisaban mi comportamiento para que pudiera cumplir con la responsabilidad de ir a cantar y hacer un buen show, *no matter what*. Mi mamá era la mano fuerte en ese sentido.

Y, por supuesto el asunto de los estudios y del colegio era muy importante. Tuvimos la suerte de que cuando nos íbamos a mudar, casualmente una de mis maestras en la escuela de Ponce —la Academia Santa María— iba a ser transferida a San Juan a la escuela María Reina. La maestra se llamaba sister Jean O'Brien una joven religiosa con la que me llevaba bien. Hubo ocasiones, por ejemplo, en que mis papás no pudieron ir conmigo a San Juan y ella me acompañó.

Quedamos en que yo iba a tomar un examen de ingreso en esa escuela —porque el plan era mudarnos cerca—, y que me transfiriera al mismo colegio donde trabajaría sister O'Brien. El currículo académico era el mismo de Ponce y eso hizo que mi transición fuera más llevadera.

Fui con sister O'Brien a la entrevista con la directora, sister Therese Marie una religiosa de la misma orden, para ver si me aceptaban. Después de saludarnos cordialmente, le dije:

—Sister, yo quiero estudiar y quiero graduarme, pero ya trabajo.

Requiere de muchas ausencias y a veces llego tarde porque viajo bastante. Deseo terminar mis estudios porque mi meta es ir a la universidad, pero si la escuela no me permite ausentarme, si no me dan flexibilidad, definitivamente no voy a poder estudiar aquí.

Le di a entender que estaba dispuesta a negociar las condiciones de mi ingreso, porque sabía que no tendría los beneficios de estar en el salón de clases y estudiaría el doble para compensar mis ausencias. Mientras hablaba, noté que mi maestra se sonreía. La directora de la escuela esperó pacientemente a que yo terminara mi monólogo explicatorio y me dijo:

—Ednita, no te acuerdas de mí, ¿verdad?

—No —le respondí sorprendida.

—Yo era la rectora de la escuela en Ponce cuando tú estabas en kínder y te mandaban a buscar las maestras para que cantaras en los salones de clase —me dijo—. ¿Y ahora vienes aquí a pedirme que te dé una oportunidad? ¡Si la última persona que se va a oponer a tu propuesta soy yo! Porque soy la culpable de que tú seas cantante.

Fue un momento verdaderamente increíble. Como si se me hubiera abierto el cielo. Podría seguir cantando y estudiando a la vez. Ya no me graduaría con mis amigos de toda la vida, pero estaba segura que era lo que tenía que hacer para perseguir mi sueño.

Desde ese momento en adelante tuve todo el apoyo de la escuela para seguir con mi carrera artística mientras estudiaba. Creo que de no haber sido por ese apoyo, jamás hubiese podido seguir con mi carrera musical, pues si había algo que yo no estaba dispuesta a abandonar eran los estudios. Ni por mí ni por mis padres. La directora del colegio me ayudó en todo lo que pudo, y en los años siguientes, asistía a mis conciertos y se sentía muy orgullosa de mí. Es uno de los recuerdos más hermosos que tengo de lealtad y cariño. También de fé, porque estas dos mujeres tuvieron fé en mí. De hecho, hasta el día de hoy, me mantengo en contacto con mi maestra, que salió del oficio religioso, se casó y ahora vive en la Florida.

En la escuela María Reina solo estuve por un año, el último antes de graduarme. Era un colegio solo de mujeres, y no estaba acostumbrada. Yo había sido criada entre hombres y me resultaba gracioso el comportamiento de las niñas cuando veían a los muchachos de la escuela del lado.

No fui muy bien recibida en el colegio. Caí de paracaídas en un grupo que ya estaba formado, y al no ser un colegio muy grande, había mucha dificultad para integrarse a un grupo. Yo era la extraña intrusa. A eso había que añadir que me ausentaba mucho por mi trabajo, y algunas de las profesoras no lo aprobaban. Pensaban que era favoritismo y me hicieron la guerra, siendo más rígidas conmigo que con otras alumnas. Si yo faltaba a un examen o no me enteraba de alguna asignatura, no me daban ni el privilegio de repasar ni ayuda adicional para compensar por la clase perdida. La mayoría del tiempo terminaba estudiando más que si hubiese estado presente.

Pero no fue una experiencia del todo mala. Entendía que era la nueva y los estudiantes nuevos que llegan a última hora no siempre son muy bien recibidos. Pero la verdad es que estaba tan envuelta en lo mío que no me molestaba nada. Aún así, ahí conocí a Maricarmen, mi mejor amiga hasta el día de hoy. Maricarmen fue mi protectora en el colegio. Cuando llegué, ella vino donde mí y se presentó.

—Yo soy Maricarmen y cualquier cosa que necesites, aquí estoy —me dijo.

Yo estaba muy perdida con la nueva rutina y ella estaba pendiente de mí. Ella me dice que le caí bien, y además, a Maricarmen le encantaba la moda y todo lo relacionado con los peinados y el maquillaje, y a mí no mucho. Al poco tiempo de conocernos se convirtió en mi asesora de estilo y comenzó a darme consejos de cómo vestirme y arreglarme mejor.

A fin de cuentas, no tengo malos recuerdos, pero nunca me sentí verdaderamente integrada. Tenía que trabajar y me perdía mucho de lo que sucedía en el colegio. No pasaba mucho tiempo allí.

Aun así, me gradué con excelentes notas. Fui a la graduación y al *prom*. Pero perdí muchos días de colegio. Ya tenía mi profesión y si bien para mí era importante seguir estudiando, defendía mi trabajo a capa y espada. Era demasiado el esfuerzo que había invertido, el propio y el de mi familia, como para no luchar por lo que me había propuesto.

Desde muy temprano comprendí que, entre el trabajo y el estudio, no necesariamente hay conflicto. Siendo Papi autodidacta, siempre me enseñó que nunca se deja de aprender ni de estudiar. Estudiar en el sentido amplio de la palabra. A mí me tocaba la universidad de la vida y no dejo de ser estudiante, porque uno nunca sabe de más. Aprendí a cultivarme. Siempre he sido muy curiosa, me encanta aprender, pregunto mucho, y los viajes me ampliaron la perspectiva de lo que era el mundo y sus posibilidades. Ni hablar de la cantidad de gente interesante que me he topado en el camino y las lecciones aprendidas con ellos.

Dentro de todo, tengo que admitir que fui afortunada de no ir a la universidad. En un principio sí quise hacerlo, lo intenté. Me dieron matrícula de honor en la Universidad de Puerto Rico por mi promedio en el colegio, pero sólo duré tres semanas matriculada.

Quería estudiar un bachillerato en Arte con concentración en Música para eventualmente adquirir mi maestría en Música, que era la meta final. Pero muy pronto me di cuenta de que la universidad requería tiempo completo. No me permitían ausentarme por largos períodos de tiempo y eso me complicaba el panorama. No podía trabajar y estudiar simultáneamente, pues la universidad no lo permitía en ese entonces. Con pesar, decidí salirme. Tuve que ir a la oficina del rector de la universidad a explicarle por qué me daba de baja.

—Uno viene a la universidad por distintas razones —le dije—. Yo vengo porque mi deseo es desarrollarme dentro de un trabajo que ya tengo. Ya sé cuál es la profesión que voy a ejercer por el resto de mi vida, pero no puedo entrar y comprometerme a una estructura que vaya a entorpecer lo que tengo en la mano. Respeto los reglamentos de asistencia y lamentablemente no los puedo cumplir.

Me dolió mucho tener que decir que no me quedaba. Y pensé mucho en mis padres y su sueño de verme graduada de la universidad. Era mi sueño también. Pero ya estaba decidida a no desviarme del camino. Lo sabía con todas las células de mi cuerpo. La música me serviría de universidad.

Y así fue como abandoné mis estudios formales, pero no me arrepiento, porque justo estaba en un momento crítico de mucha efervescencia, energía, ganas y sueños.

Tenía diecisiete años y me quería comer el mundo.

Relflexiones a la medianoche

*Estoy en una disyuntiva: la lucha entre lo que quiero y lo
que tengo. Lo que quiero hacer y lo que tengo que hacer.
Mi corazón, como mi cerebro, es fuerte. Mi corazón quiere
sanar, latir acelerado, pero de alegría, de emociones buenas,
vitales, celebratorias. Mi cerebro me pone pausa, me vuelve
analítica, responsable del aquí y ahora, del futuro inmediato
donde hay que cumplir obligaciones terrenales, burocráticas y
cotidianas. Esos dos nunca se pondrán de acuerdo.*

8

GRANDES LOGROS

La mudanza cambió todo y mi carrera tomó vuelo. El motor fue mi programa de televisión. Me llegó a través de Paquito Cordero, un creativo de televisión de Puerto Rico que en ese entonces era el productor principal del Canal 2. Paquito también fue la persona que me llevó a Borinquen Records. Cuando lo conocí, hacía tiempo que ya no estaba en el programa de Luis Vigoreaux. Pero sí tuve una temporada con mi propio show en el Canal 7, del cual emitimos catorce episodios.

Ese programa ya había salido del aire cuando Paquito Cordero me propuso hacer un show semanal de una hora. Se llamaba *El show de Ednita*. Tendría el formato de un programa semanal de variedades donde cantaba, entrevistaba, bailaba y tenía artistas invitados. Duró al aire varios años años, y me convirtió en una celebridad en Puerto Rico. Además del programa nocturno, tenía un segmento de quince minutos en el show del mediodía dos veces a la semana, donde también cantaba.

El show de televisión fue definitivo en mi carrera y me dio una trayectoria distinta a la de la mayoría de los cantantes. Mi carrera no tuvo el orden natural que pasa de ser una desconocida que primero graba un disco, lo promociona, luego va a la televisión y después hace conciertos.

Yo empecé al revés, como celebridad en la televisión que después hizo conciertos y, después de bastante tiempo, relativo a una carrera en el mundo del espectáculo, empezó a grabar discos seriamente. Era una criatura de la televisión que también tuvo la oportunidad de dar conciertos en muchos lugares. Viajé a Nueva York, España, México, Canadá, República Dominicana y Mónaco antes de convertirme en una artista con éxito discográfico.

Los discos que grabé cuando empezaba no tuvieron gran repercusión. El primer lo hice cuando estaba en mi último año de *high school*, con un productor que se llamaba Joe Cain, amigo de mi representante Hal Kay. Ambos eran americanos, y yo estaba emocionadísima porque iba a grabar en Nueva York en los estudios Media Sound, en ese momento los más famosos del mundo. Media Sound fue creado por Joel Rosenman y John Roberts, los cofundadores de Woodstock. Para mí, era más que un sueño hecho realidad.

En Nueva York grabé mi disco, que se llamaba *Al fin... Ednita*, porque ¡al fin! estaba grabando. La compañía, era Roulette Records, y el repertorio de canciones clásicas, boleros, no tenía nada que ver con mi edad. Eran más serias y adultas. Había solo una canción inédita un poco más adecuada, que se llamaba «Te quiero y no me importa» y ese fue el sencillo que tocaron en la radio de Puerto Rico.

Roulette Records era una compañía de música en inglés y quería hacer un experimento en español. Pero no trabajaron mucho el disco y tampoco tenían buena distribución en el mercado hispano. Sin embargo, esa canción sonó bastante. A raíz de eso me di a conocer más y comencé a trabajar más a menudo. Estuve un par de años sin grabar y realmente no le daba mucha importancia a los discos. Mi programa de televisión me mantenía activa y ocupada y para ese entonces, viajaba bastante.

En ese momento tuve un golpe de suerte.

Llegó Alberto Carrión, un gran músico y compositor puertorriqueño que le había producido un disco a su hermana, Camille Carrión, que era actriz. Pero Camille decidió al último momento que no quería grabarlo, a pesar de que toda la música ya estaba hecha. Era un disco con todas las de la ley, muy bien grabado, bien producido, con los mejores arreglistas y músicos del país. No querían desperdiciar ese proyecto y me llamaron. La tesitura de voz de Camille se parecía a la mía y las canciones me venían bien en términos de tono. A Paquito Cordero le pareció una buena idea porque tendríamos repertorio propio para el programa de televisión. Para hacerlo, firmé el contrato con Borinquen Records, un sello local pero con grandes figuras.

Cuando estábamos por terminarde grabar, el dueño de Borinquen, el señor Darío Gonzalez, me dijo:

—Me hace falta una canción. Tengo una que quiero que escuches porque me parece que te vendría muy bien.

Era una canción mexicana de Roberto Cantoral y Dino Ramos que se llamaba «Me está gustando». Tenía una letra pícara y era en un momento en que mi imagen era de niña muy seria, tranquila. Cuando la escuché pensé que mis padres no verían con buenos ojos que fuese a cantar una canción con esa letra. A mí me gustó, pero me dio un poco de trabajo venderles la idea. Porque aunque ya tenía veintiún años, lo que dijeran mis papás importaba muchísimo.

Pero finalmente grabamos la canción y se convirtió en un hit muy grande. Fue mi primer gran éxito.

La primera vez que la oí en la radio estaba en un coche, y se me paró el corazón. Se me aguaron los ojos. Es una emoción enorme oírte por la radio y al sol de hoy todavía me pasa cuando escucho mi nuevo sencillo por primera vez. Esa sensación nunca se va. Es una alegría y un orgullo inmenso, un momento íntimo y público a la vez, pero definitivamente especial. Gustará, no gustará, ¿habrá quedado lo bien que quería? Ese mariposeo en el estómago es eterno.

Desde entonces, mi carrera musical aceleró.

Cuando firmé el contrato discográfico, ya tenía una relación estrecha con el público. De alguna manera, Puerto Rico es dueño de mi vida. Soy la nietecita de las abuelas, la mamá de muchos muchachos, la novia de otros y otras y tengo el privilegio de servir de inspiración a mucha gente. Es una relación muy cercana y muy real que atesoro y humildemente agradezco. Y empezó por la televisión, que fue también la puerta de mil cosas más.

Uno de los momentos más memorables de toda mi carrera fue cuando me llamaron para hacer un *command performance* para el príncipe y la princesa de Mónaco. Tenía unos veintiuno o veintidós años.

Un *command performance* es el honor más grande que recibe un artista: es una invitación no rechazable del alto mando del país, para que hagas un presentación para ellos. En este caso, la persona que contrataba a los artistas para el principado me vio cantar en el Hotel Caribe Hilton en Puerto Rico. Sin ser conocida por esos rumbos, me invitó a cantar en el Sporting Club, el club nocturno más prestigioso y bello de Mónaco. Y fue después de eso que llegó el *command performance* para cantar en el Casino, una invitación formal por correo, que decía: «El príncipe y la princesa tienen el placer de invitarla...». Estaba que no cabía de la emoción! La princesa Grace y el príncipe Rainiero me invitaban a cantarles. A ellos y sus invitados de la realeza europea. Desde un comienzo el plan era irme sola con mi mamá para Mónaco, pero al final invité a Papi porque no se lo podía perder. Lo montamos en un avión y fue la primera vez que mi papá viajó a Europa.

Toda la experiencia fue memorable. Por un lado, fue curiosísima la pompa y circunstancia de la realeza. Nunca había visto nada igual. Me había mandado a hacer un traje largo, blanco, muy bello. La noche de la presentación estaba en el *backstage* muy pendiente, mirando por una esquinita, para ver cuando entrara la princesa Grace. En ese entonces, no había nadie más famoso ni espectacular en el mundo que la princesa Grace de Mónaco. Y yo le iba a cantar.

Recuerdo todo vívidamente. Fue en el Casino de Montecarlo. El salón estaba precioso, con mesas largas y espectacularmente bien puestas, con arreglos de orquídeas y velas. Casi todas las mujeres portaban sus tiaras y sus joyas. Ella entró primero. Llevaba puesto un hermoso traje azul muy pálido, y todos se pusieron de pie. Luego entro él y se acomodaron en la mesa directamente frente al escenario. Nadie hacía nada, ni comer, ni tomar, ni tocar nada, hasta que él hiciera el primer movimiento. Era como una sublime coreografía.

Cuando me dieron la señal, salí a escena. Aunque le cantaba a otras mesas, me acercaba mucho a la de ellos, porque me decía: «Es mi única vez, y nunca más los volveré a ver». Cuando terminé, el príncipe agarró una de las orquídeas del centro de la mesa y la tiró a mis pies. De repente, todo el escenario se llenó de flores, porque todo el mundo hizo lo mismo. ¡Yo no sabía qué hacer! Quería llevarme la orquídea que me había lanzado el príncipe. Me giré para ver al *stage manager* y este me hizo señal de que no tocara las flores.

Entonces di mi venia y mis gracias y me tuve que ir sin agarrar mi orquídea.

Ya en el camerino, me estaban esperando mis papás con una emoción grandísima y, claro, nos pusimos a llorar. De repente, entre sollozos mi mamá dijo:

—¿Te imaginas que tú seas la próxima Grace Kelly? Tal vez en ese público haya un príncipe que se quiera casar contigo.

Estallamos en risas, cuando de repente me tocaron a la puerta del camerino. Era uno de los señores del séquito de los príncipes.

—Ven para que saludes al príncipe y a la princesa —me dijo muy solemnemente—. Pero aparte de eso quiero decirte que hay un príncipe italiano que te quiere conocer.

Entonces, volteé a mirar a mi mamá y le dije:

—¡Mami, se nos dio!

Las dos estábamos sorprendidísimas. Me presentaron al príncipe Rainiero y a la princesa Grace. Yo les di las gracias y me sentaron en la mesa del lado, con mi mamá. Allí nos quedamos las dos un buen rato, esperando al tal príncipe que me quería conocer. ¡Príncipe italiano! Me imaginaba un galán guapísimo, elegante, como en los cuentos de hadas, cuando de pronto veo al amigo del séquito del príncipe que venía hacia nosotros con una sonrisita malévola y seguido de un señor viejísimo. Me dijo algo como: «Te presento al príncipe, no sé qué, no se cuánto, de Italia», y era un viejito de noventa y seis años que usaba un cuerno de esos antiguos para poder escuchar. ¡Ese era el famoso príncipe italiano! No sabía si reírme o llorar. Pero lo saludé amablemente y con el rabito del ojo miraba a mi mamá que casi no podía contener su risa. ¡Qué desilusión! El viejito me decía:

—¡*Pronto, pronto!* —Y yo pensaba: «¡Yo pronto me voy de aquí!».

Cuando regresamos al hotel, no podíamos parar de reírnos. Cómo gozamos esa noche y qué recuerdos tan bellos. Cuando eso sucedió, yo no había vivido nada ni remotamente parecido. Esa noche fue como un sueño. Eran, y son, los momentos que hacen que este camino que escogí valga la pena. Más allá del sacrificio y de los retos, la recompensa es infinita.

9

JACKY

Nunca fui noviera. Había tenido noviecitos en la escuela, pero nada serio. No fue sino hasta los dieciséis años que me enamoré locamente de un chico llamado Jacky. Estuve con él durante seis años, desde los dieciséis hasta los veintidós. Y todos sabemos que a esa edad, es una eternidad.

Cuando todavía vivíamos en Ponce y gané el concurso de Miss Teenage Puerto Rico, me invitaron a la ceremonia de coronación de Miss Teenage República Dominicana.

Había ido antes, con The Kids From Ponce, pero esto era muy distinto. Iba como representante de Puerto Rico y la reina invitada a coronar a la nueva Miss Teenage República Dominicana. Me encantó República Dominicana porque la gente era muy cálida y me recordaba a Puerto Rico. La invitación era por una semana y nos habían organizado un itinerario extenso de actividades en distintos lugares turísticos.

Dentro de las actividades programadas para esos días nos llevaron a ver una carrera de autos en la Base Aérea de San Isidro. Éramos un grupo grande de jóvenes —todas las reinas invitadas y las candidatas locales—, y en un momento dado comenzó a llover. Todas corrimos hacia las graderías, que estaban techadas, y de camino se me cayó mi cartera blanca de conejitos. El contenido de la cartera se desparramó por todo el piso. Yo me detuve a recoger todo mientras las demás muchachas seguían corriendo. De pronto sentí a alguien a mi lado. Cuando subí la mirada vi primero unos pantalones blancos, luego una camisa naranja, hasta que escuché su voz:

—¿La puedo ayudar, señorita?

—No, no, gracias, tranquilo, yo puedo —respondí. Le vi la cara.

Era bello. Estaba quemado del sol, tenía una nariz preciosa, ojos marrones, el pelo era marrón clarito, con destellos así como del sol. Era una visión y yo no podía dejar de mirarlo.

Se llamaba Jacky. Era dominicano, dos años mayor que yo y estudiaba medicina en Canadá. Estaba de vacaciones visitando a su familia.

Me ayudó y caminamos de prisa a las graderías. Él estaba con unos amigos y me preguntó qué estaba haciendo allí, quién era, todas las preguntas de rigor. Le dije que estaba invitada para coronar a Miss Teenage República Dominicana y que era estudiante en Puerto Rico. Me reservé el detalle de cantante.

A partir de ese momento nos volvimos inseparables. Él se tenía que regresar a Canadá pero se quedó unos días adicionales y todo el tiempo libre que tuve lo pasé con él y sus amigos.

Fue amor a primera vista. Es inexplicable lo que me pasó con él. Nunca antes me había pasado y nunca me volvió a pasar. Fue un flechazo y fue precioso. Una experiencia única.

Compartimos apenas unos días. Él se regresó a Canadá y yo a

Puerto Rico, pero a partir de ese momento nos escribíamos constantemente. Fue un amor de lejos. Por carta. Nos hablábamos por teléfono y nos veíamos por lo menos dos veces al año.

Era bien dulce, caballeroso, siempre estaba muy pendiente de mí que estuviera bien, cómoda y me complacía en todo. Los amigos eran maravillosos conmigo y su familia también.

Yo era su princesa. Como un cuento de hadas. Y si hubo malos momentos, ni me acuerdo, porque lo que tengo en la memoria fue sublime. A distancia no se vive ni padece lo cotidiano pero cada vez que nos encontrábamos todo era perfecto. No había roces porque estábamos el uno para el otro, para complacernos y hacernos sentir bien. A pesar de las limitaciones que había de espacio y tiempo, manteníamos una comunicación estrecha.

A veces, el dinero que me ganaba, lo gastaba en pagar el teléfono, pues en ese entonces las llamadas de larga distancia costaban una fortuna. Y un par de veces me fugué para irlo a ver. Decía que iba a pasar el fin de semana en casa de una amiga y me montaba en un avión para visitarlo.

Todo era perfecto en nuestra relación salvo una cosa: a Jacky no le gustaba mi carrera artística. Le gustaba oírme cantar, pero no quería que yo fuera cantante. Empezamos nuestro noviazgo siendo muy jóvenes, y no me vio en escena hasta varios años después. Fue una sorpresa grande para él. No le gustó esa parte de mí, que fuera figura pública, los escenarios, eso no le agradaba. Y aunque nos queríamos mucho, fue lo que terminó por separarnos.

Al principio, cuando me decía que no aprobaba lo que hacía, hasta me parecía lógico. ¿Cómo voy a ser cantante, si me voy a casar? Porque nos íbamos a casar y nos llegamos a comprometer. Y si iba a ser una mujer casada, no sé por qué pensaba que no podía ser cantante. Recuerdo que una vez, cuando apenas comenzaba a cantar siendo una niña, me hicieron una entrevista y me preguntaron cuáles eran mis planes para el futuro.

—Yo pienso que la música para mí es un hobby, y cuando me case, me retiro —contesté. Y es que eso lo había pensado porque de alguna forma fue lo que me inculcó mi mamá. Pero con el tiempo, a medida que mi carrera crecía, mi trabajo comenzó a tomar otra dimensión y sentí que mi vida podía ser diferente, única. Mi amor por la música crecía y, no me veía teniendo que escoger entre el amor de un hombre y el amor por mi carrera. Hice lo posible por negociar con Jacky. Quería que se diera la oportunidad de verme en mi trabajo, en el escenario y así mostrarle lo importante que era todo eso para mí. Pensé que al verlo, entendería que era posible nuestra relación sin yo tener que abandonar mi carrera. Era un trabajo, como cualquier otro.

En algún momento, le planteé la posibilidad de que él se viniera a Puerto Rico, pero no era una opción realista. El sería médico y deseaba establecerse en República Dominicana donde su padre también era un médico prominente.

—Yo me puedo ir a vivir a República Dominicana —le dije—, y dedicarme a producir televisión o tener mi propio programa, sin moverme de ahí.

A mí me gustaba República Dominicana y me dije: «Bueno, es casi lo mismo; estaré a media hora de Puerto Rico». En otras palabras, estaba dispuesta a mudarme y a cambiar mi vida por él.

Mis papás querían mucho a Jacky, pero no estaban contentos con la relación. Como buenos padres, veían lo que yo todavía no podía ver y sabían que eso no iba a terminar bien; ya estaba muy adentrada en mi carrera y en lo que me gustaba y no me veían renunciando a todo para irme a otro país a quedarme en mi casa o a ponerme a estudiar. Pero aunque no estaban de acuerdo, tampoco intervenían demasiado. Dejaron que yo poco a poco me fuera dando cuenta sola, y hasta el día de hoy, eso se los agradezco mucho.

Hubo un momento en que quise invitarlo para que él viera con sus propios ojos lo que yo hacía. Para ese entonces, ya tenía mi programa de televisión, había sacado mi primer disco y me presentaba constantemente en todas partes. Iba a hacer una temporada en el hotel Caribe Hilton, y me pareció el lugar perfecto para que me viera cantar en vivo por primera vez.

Que Jacky viniera a verme en el escenario se convirtió en el tema más importante de mi vida. Viajé a Santo Domingo para invitarlos personalmente a él y a sus papás. Estaba segura que si él veía la seriedad del trabajo, cómo era y por qué lo estaba haciendo, iba a entender.

El papá, que me adoraba, me dijo sin pensarlo un instante:

—Yo voy a verte.

Pero Jacky no estaba tan entusiasmado con la idea.

—Yo no, yo no voy a ir. No puedo, porque ese día tengo que estudiar.

—Pues te lo pierdes —le dije yo—. Pero a mí me encantaría que vinieras, así ves lo que hago.

—Yo sé lo que haces —me contestó.

—No, tú no lo sabes. Tienes que venir a ver —le dije tranquilamente. Yo sabía que si me veía iba a entenderlo todo, iba a darse cuenta de lo importante que era para mí. Así era y sigue siendo. Es imposible entenderme, imposible saber quién soy si se quita la música de la ecuación.

Unos meses más tarde llegó la noche del estreno de la temporada. Jacky cambió de parecer y decidió venir con su papá. Cuando aterrizaron en San Juan me llamaron del aeropuerto para avisarme, pero tuve que decirles que no podía ir a buscarlos porque estaba en plena preparación. Era cerca de las seis de la tarde y el show comenzaba a las nueve.

Empezamos con el pie izquierdo. Pero cuando por fin llegaron al hotel yo les tenía una buena mesa reservada. Era sábado y obviamente el lugar estaba completamente lleno. Cuando salí a cantar, los vi sentados en una mesita al borde del escenario a la derecha, casi justo enfrente de mí. Y claramente podía ver al papá con una sonrisa y a Jacky muy serio. El contraste entre los dos era increíble. Yo lo achaqué a que él debía sentirse muy nervioso, pero su papá mantenía esa sonrisa de oreja a oreja, disfrutando de todo lo que yo hacía.

Tuve que hacer un esfuerzo enorme para no mirar hacia esa mesa durante todo el concierto. Esa noche, canté con el alma. Fue uno de esos momentos gloriosos de «misión cumplida». El show quedó divino y al final el público me dio una gran ovación de pie. Estaba conmovida, pero lo único que quería era salir pronto del escenario para ver a Jacky y que me dijera qué le había parecido. Era lo único que importaba en ese momento. Mi sueño era que viera que lo que hacía estaba bien, que era una mujer enamorada y tenía un trabajo como cualquier otro. Distinto, en un escenario, pero era un trabajo normal. Eso pensaba yo.

Me fui al camerino y le dije a Maricarmen, mi mejor amiga:

—No dejes entrar a nadie, sólo a Jacky primero, porque quiero su impresión de mi show.

Gran error.

Me imaginé que cuando entrara, nos íbamos a abrazar y besar y que iba a ser todo celebración y felicidad. Pero en el instante en que cruzó el umbral comprendí que no sería así. Jacky entró serio, sin sonreír y desde ese momento vi algo en sus ojos, pero no alcancé a procesarlo.

—¿Y...? —le pregunté. Me quedé un momento con ese «¿Y?» en

los labios, pensando, deseando que me dijera «te quedó bello». Pero no fue así.

—No puedo —fue su única respuesta.

—¿Cómo? —le dije.

— No puedo soportar esto —me dijo—. No puedo. Yo no puedo con que seas artista y que estés en un escenario. No lo puedo ver. Creo que tienes que buscar a una persona que entienda y que tolere esto.

Me quedé de hielo.

—Está bien, me la voy a buscar —le dije, casi sin pensarlo. No creía lo que acababa de escuchar. Me mantuve serena, sin reaccionar, pero me moría por dentro.

Se me vino el alma al suelo. Me dio un dolor físico en el corazón; no podía ni respirar del dolor que me dio. Ese momento fue como si se me hubiese destapado un velo: me di cuenta de que quien yo era no podía ser compatible con el hombre que amaba. Para estar con él, tenía que convertirme en alguien diferente, y no estaba dispuesta.

Fue una gran prueba de vida para mí. Un momento muy difícil. De repente me encontré frente a una gran dicotomía: Yo era una mujer enamorada, con sueños de formar una familia con la persona que adoraba desde los dieciséis años, pero que no entendía lo importante que era para mí lo que había construido con tanto esfuerzo y dignidad. De repente me encontré frente a este hombre —el hombre de mis sueños— que me decía: «Lo que haces no es lo quiero».

Cuando salió del camerino, fue horrible. Me quedé allí llorando, mi corazón hecho mil pedazos. Pero aun así, tenía un público que atender. Me arreglé un poco el maquillaje que se me había corrido y le dije a Maricarmen que quería subir a mi suite.

Ya sabía que mis amigos estaban esperándome. La suite estaba llena de gente tomando champaña, celebrando y de inmediato entré «en escena»: saludé a todo el mundo, feliz, simpática, brindando y riéndome, aunque por dentro estaba destrozada y me quería morir. Pese a lo que me sucedía, seguía comportándome como lo que era: una profesional. Una profesional que agradece a su público, deja sus penas a un lado y da la cara. Tal como José Ferrer me había enseñado.

Poco después, Jacky regresó y subió a la suite con su papá.

Quería seguir hablando conmigo, pero le dije que no era el momento. Con tanta gente a mi alrededor, era lo último que quería hacer. Estaba demasiado confundida y herida. Además, mis amigos no merecían que yo me fuera en ese momento. Tenía que procesar lo que acababa de suceder. No podía y no quería.

—No. Yo no quiero hablar contigo —le dije simplemente—. Ahora no. Ya me dijiste todo lo que yo tenía que escuchar. Además, no es el lugar ni el momento.

Incluso, recuerdo que le dije a Maricarmen: «Creo que él está enamorado de alguien que no soy yo y aunque me duela, tengo que aceptarlo». Porque Jacky y yo ya veníamos hablando, y él había dicho que no le gustaba la vida pública. Tanto así que cuando yo visitaba República Dominicana y su papá quería que le cantara, nos íbamos con mi guitarra a una habitación en privado.

Jacky no quería estar con una persona como yo. Y para mí era ilógico la idea de dejarlo todo atrás. No era falta de amor, pero dejar mi música era, en gran medida, renunciar a mi identidad, y no estaba dispuesta a eso.

Si hay algo que agradezco a Dios y a la vida es haber tenido unos padres que me dieron ese sentido de identidad. No te puedes convertir en algo que no eres. Puedes evolucionar, crecer, madurar, cometer errores, caerte y levantarte. Sí. Pero no puedes trastocar tu ser interior por acomodarte a otra persona. Negar tu escencia no es posible. Y me di cuenta que ser honesta conmigo misma era demasiado importante para seguir adelante.

Tal vez, a los dieciocho años me hubiese adaptado a otra vida, pero la música ha sido una fuerza tan poderosa en mí que cantar es una necesidad física, emocional y espiritual. No es solo lo que hago, es gran parte de lo que soy. Que alguien me dijera «Te amo pero no puedes cantar más» era como pedirme que dejara de respirar, que le diera la espalda a mi razón de ser. Dejar de cantar era como empezar a morir. Y eso era imposible. Por más dolor que me causara.

Jacky se fue, y con él, se fue mi alma. Estaba destruida.

Una semana después del incidente en el hotel, Jacky regresó para pedirme que lo reconsiderara. Pero le dije que no, que si las condiciones eran las mismas, la respuesta seguía igual: no iba a dejar de cantar.

Con el paso de los años, me he preguntado cómo sería si me hubiese casado con él. Lo cierto es que a veces, encontrarse en el momento equivocado puede ser más cruel que el dejarse de amar. Y nosotros nos encontramos muy temprano en nuestras vidas. Fue el destiempo, no el desamor...

A pesar de todo, con el paso de los años Jacky y yo pudimos mantener una amistad. Él se casó —un par de veces— y tiene dos hijas. Pero sé que soy inolvidable en su vida y él sabe que es inolvidable en la mía. Esa etapa que vivimos nunca se borrará porque fue una buena experiencia y la recordaré siempre con ternura y mucho cariño. Me río de las locuras, de las cosas que nos tocó vivir juntos, de las escapadas y los escondites. Todo fue lindo, aunque muy doloroso al final.

Una vez, hablando con él, me preguntó:

—¿Qué hubiese pasado si nos hubiéramos casado?

— Francamente no sé —le respondí—. No sé si hubiese podido aguantar no cantar o si eventualmente tú hubieses cedido a lo que te pedí. Es una interrogante que siempre estará en mi corazón.

Pero lo cierto es que tuve la suerte de encontrarme con una persona como él —un muchacho cariñoso, considerado, caballeroso, inteligente— y esa vivencia de un primer amor llenaba todos los cuadritos.

A los pocos años después de nuestra última despedida en Puerto Rico, volví a ver a Jacky, cuando ya estaba casada con Laureano, mi primer esposo, y fui a cantar a República Dominicana. Iba con Laureano camino a la entrada del teatro, ¿y a quién me encontré en el estacionamiento? A Jacky, que llegaba con unos amigos a verme.

Los presenté —Laureano por supuesto sabía de Jacky— se dieron la mano muy cordialmente y seguimos hacia el show.

Cuando salí, vi que estaba en la mesa del centro con sus amigos, a dos filas del escenario. Empecé a cantar, tratando de mantener la concentración en el show, pero me sentía rara de verlo ahí. No estaba segura si era alegría o un poquito de resentimiento por todo lo que había sucedido. Pensé: «Voy a hacer el mejor show de mi vida». El lugar estaba repleto y el público super cariñoso. Yo empecé a cantar, cuando de repente, a mitad de show, vi que se levantó y se fue. Seguí mi show como siempre y no permití que su partida me desconcentrara. Pero lo sentí.

No volvió.

Tiempo después me dijo que no pudo, que era muy fuerte para él verme ahí. En el escenario no pude reaccionar. Y después del show, como estaba ya con Laureano, tampoco pude. Me tragué todas las emociones, el desamor y el desencanto y las posibilidades que se esfumaron ahora sí, definitivamente.

Volví a ver a Jacky unos años después. Estaba presentándome con toda mi banda en un crucero que paraba solamente por un día en Santo Domingo. Su hermana me había llamado a preguntarme si lo quería ver, y yo, después de dudarlo un poco, le dije que sí. Esa mañana muy temprano, como a las siete, cuando llegó el barco al puerto, me bajé por la escalerilla muriéndome de miedo, y ahí estaba él esperándome. Mi mundo entero se detuvo.Respiré hondo, nos abrazamos y nos fuimos a un cafecito que estaba ahí cerca, donde no había nadie. Nos sentamos en una mesita. Yo lo miraba y él me miraba. Lo único que podíamos hacer era sonreírnos.

—Qué bella estás —me dijo después de un rato.

—Tú también —le dije yo.

Y luego me dijo:

—¿Qué pasó?

—Dime tú —le contesté.

Y entonces comenzamos a hablar. Me dijo que era bien difícil para él conciliar la idea de una vida conmigo, con mi trabajo. Que fue su inmadurez la que lo llevó a tomar esa decisión. Entendía que me había perdido, y que eso nunca se lo iba a perdonar.

—Yo tampoco me lo voy a perdonar —le dije—. Pero, te quería demostrar que este es un trabajo como cualquier otro. Que soy una persona como cualquier otra. Que puedo hacer ese trabajo, poco usual, pero que no es lo que tú te imaginabas. Puedo llevar una vida normal como cualquier otra persona. Y asi lo hago.

Me dijo que lo entendía, pero que en ese momento era muy joven.

Tocamos el tema de cómo se sentiría él si yo le hubiese pedido que dejara la medicina.

—No es lo mismo —dijo él—. Con la medicina doy un servicio.

—Pues yo también con mi música —le dije—. Tú curas cuerpos, yo curo almas. Tú eres la medicina del cuerpo, yo soy la medicina del alma, porque la música es para eso, y es igualmente indispensable en la vida de un ser humano. El valor de lo que tú haces es exactamente igual al valor de lo que yo hago, porque es tu pasión y es tu sacerdocio, y yo tengo el mío también.

Almorzamos, hablamos y eso fue todo. Nos fuimos, y dejé mi corazón y lo que pudo ser en esa mesita, en ese cafecito de Santo Domingo.

Él era el amor de mi vida, pero no podía dejar todo a un lado. Era jovencita pero para ese entonces, ya tenía sueños y metas. Y la música era parte de la ecuación.

He tenido una vida saludable y emocionante, llena de altibajos. Soy una mujer de carne y hueso, madre, esposa, hermana. En el único lugar donde no me siento de carne y hueso es en el escenario, eso es otra cosa, es otro ser.

Ahí soy una criatura que habita ese espacio, un espíritu libre, y yo dejo que se manifieste con toda libertad. Es como una doble personalidad, y lo reconozco así. A veces me veo en video sobre el escenario y pienso: «Y, ¿quién es esa?».

Pero estoy tranquila con esa dicotomía. Siempre tuve esa necesidad de probarme a mí misma que podía ser una mujer como cualquier otra; que no me iba a perder, no iba a perder la esencia de quién soy como persona. Pero aquel día que me despedí de Jacky, fue diferente. Regresé a mi camarote después de nuestro almuerzo, me senté en una silla pequeñita que había frente a un espejo y empecé a llorar y llorar, y por primera vez me cuestioné: «¿Estoy haciendo lo correcto? ¿Es éste el peor error de mi vida? ¿O es el comienzo de tomar las decisiones correctas?».

Me prometí que iba a tener una vida completa, una vida con amor y familia, pero sin dejar la música. El que me quisiera, el hombre que estuviera conmigo, tendría que aceptar el paquete completo.

No volví a ver a Jacky por mucho tiempo, hasta después de estar casada con mi segundo marido, Luis Ángel, y de haber tenido a mi hija. Habíamos mantenido algo de contacto y su padre había conocido a Carolina. Pero no habíamos coincidido.

En ésta ocasión él asistiría a una conferencia en Puerto Rico. Yo lo sabía porque el padrino de Carolina me lo había dicho. Hicimos planes de vernos. Pero el día en que llegó, Carolina se enfermó. Era la semana de la secretaria y en esos días se hacen eventos para reconocer su labor. Yo tenía varios shows: uno por la tarde, otro en la noche, y después al mediodía del próximo día. Me gustaba participar porque mi mamá fue secretaria y era una manera de honrarla. Pero en esta ocasión me tocó ir al hospital con Carolina llorando y con fiebre altísima. Estaba a punto de entregársela al médico en el área pediátrica del hospital, cuando de repente vi a Jacky venir hacia mí por el pasillo. Se enteró de lo que sucedía con la nena y aunque habían pasado casi diez años de no vernos, ahí estaba.

Se acercó y me dijo:

—¿Qué pasó?

—No sé —le dije yo, aguantándome las ganas de llorar—. La van a revisar.

—Dámela —me dijo y me tomó a mi niña ardiendo de fiebre, y le dijo a la enfermera—: Yo soy médico. ¿Qué está pasando?

Hablaron en código entre ellos y decidieron hacerle unos exámenes. Yo quería entrar con Caro al lugar de los exámenes. No quería dejarla solita, pero él me dijo:

—No, no. Yo voy a entrar con ella, no te preocupes.

Cuando salió, me dijo:

—Tranquila, que todo va estar bien. —Yo empecé a llorar, y sentí un gran alivio.

Esa tarde, Jacky y mi compadre se ofrecieron a quedarse cuidando a Caro mientras yo daba mi show. Lo último que quería hacer era despegarme de mi hija en ese momento, pero los médicos me aseguraron que no era nada serio y que en unas horas estaría mucho mejor. Además, estaba en muy buenas manos. Su padrino, sus médicos, su abuelo y... Jacky. Por la noche, nos quedamos todos junto a Caro en el hospital.

Estábamos ya muy lejos de nuestra adolescencia. Pero toda la escena fue irónica. El tenerlo ahí, el que me apoyara en un momento tan difícil para mí y tan humano fue bien importante para que de alguna manera yo me sintiera comprendida. Siempre me pregunté por qué el no podía ver que mi trabajo era compatible con una vida normal. Y ese momento fue importante. Luego me comentó que antes de que esto sucediera, él realmente no se imaginaba cómo era mi vida y de qué manera podía balancearla... Pero ahí estábamos. Madre que trabaja. Ni más ni menos.

Pero la amistad y el cariño perduraron.

Jacky siempre fue y siempre será parte de mi vida. Sin embargo, después de separarnos, tomamos rumbos muy diferentes. Con el tiempo, aprendí que el amor que compartimos durante esos años pertenece a esa etapa. Fue un período que tuvo su tiempo y espacio que se quedará siempre conmigo porque él siempre será parte de mi vida. Pero de haber regresado e intentar unirnos después de tanto tiempo, hubiésemos tenido que empezar desde cero. Ya no era la niña/mujer que él había conocido, ni él era el hombre que yo conocí. Había pasado mucho tiempo y mucha vida de por medio.

10

UN NUEVO AMOR

*C*uando rompí con Jacky quedé destrozada. Pero tenía a mi familia, en ese entonces mi programa de televisión y en medio de toda esa tormenta emocional apareció Laureano. El nuestro fue un romance fugaz y emocionante, pero desde un comienzo también fue una relación con verdades a medias que me causó, por primera vez en la vida, problemas con mis padres. Fue un presagio de lo que vendría.

Conocí a Laureano Brizuela, un cantante argentino que vino a Puerto Rico a promocionar su disco nuevo. Cuando yo tenía unos veintidós años y llegó a mi programa de televisión para una entrevista y presentar su canción. Así comenzó la historia.

Laureano era totalmente desconocido en Puerto Rico. Yo nunca había escuchado su nombre pero su representante lo llevó donde Paquito Cordero y lo ofreció para el show. Paquito era el productor del programa y se encargaba de contratar a los artistas invitados.

Después del show salimos a comer con un grupo de personas y, conversando, me enteré de que además era amigo de un cantante argentino muy querido en Puerto Rico y a quien yo conocía que se llamaba Sabú.

Por pura casualidad, Laureano fue a mi programa la misma semana en que rompí con Jacky y de alguna forma se convirtió en mi paño de lágrimas. Terminé con Jacky más o menos en abril o mayo, y en noviembre empecé a salir con Laureano.

Desde el primer momento me pareció un tipo atractivo, interesante, inteligente, gran conversador y supo decirme todo lo que yo quería oír: que yo cantaba bello, que tenía que seguir cantando, que la música era parte de quién yo era. Viniendo del rechazo que había sentido en mi relación con Jacky, las palabras de Laureano me sanaron el alma. Me hizo sentir muy bien desde un comienzo y hasta de cierto modo, sus palabras me ayudaron.

Muy pronto, Laureano se convirtió en mi socio, mi mejor amigo y mi todo, y los dos primeros años fueron buenos. Yo era bastante más jovencita que él, y él tenía una personalidad seductora. Nunca me dejó ver el otro lado que descubriría más adelante.

Después de Jacky, yo estaba vulnerable, y Laureano me enamoró. Empezó a hablarme de muchísimos temas, de posibilidades, proyectos para hacer juntos, y me sedujo la idea de entrar a otro camino y probar otras cosas.

Éramos amigos pero muy rápidamente, en cuestión de meses, la amistad se convirtió en algo más. Quizás la relación fue muy precipitada, pero mi falta de experiencia de vida me llevó a darle espacio demasiado pronto. Además, era muy hábil con las palabras...

Claro, había tenido mis escapaditas, pero nunca había estado con una persona seis años mayor que yo. Y, con el tiempo, poco a poco me fui fijando en él de otra manera, y él aparentemente en mí también.

Pero lo que nos unió realmente fue la música y nuestras carreras. Estábamos apenas empezando a salir y él todavía vivía en Argentina.

Convenció a mi compañía de discos, Borinquen Records, de mandarme a Buenos Aires a grabar. Ese disco se llamaría *Mujer sola* y lo produjo Laureano junto con Jorge Calandrelli.

Yo en ese momento tenía apenas veintitrés años, pero ya mi carrera era muy sólida. Estaba con Paquito Cordero, el mejor productor de televisión que había en Puerto Rico, no paraba de trabajar, era económicamente independiente y ganaba muchísimo dinero. Pero quería más.

Borinquen aprobó la idea y asignó un presupuesto para la grabación. Laureano recopiló buenos temas, distintos a los que yo estaba acostumbrada en mis discos anteriores. Además era buen compositor. Junto a Alejandro Vezzani escribieron temas que luego se convirtieron en éxitos. Era la época en que la música italiana estaba muy fuerte, y así fue como surgió la idea de grabar «Mío» y «Mujer sola», que le dio el nombre al disco.

Este era el primer disco que yo grababa fuera de Puerto Rico. El repertorio era inédito y especialmente pensado para buscar un sonido distinto a lo anterior, más latino, más europeo; era otra cosa. En Puerto Rico llamó la atención; por ser diferente. Costó un poco de trabajo entenderlo al comienzo, pero a mí me gustó.

Estuve en Argentina grabando durante un mes. Fue de los pocos viajes que hacía sola y como tenía el compromiso de mi programa de televisión, dejé grabado un mes por adelantado para que pudieran correr en mi ausencia.

Me enamoré de Argentina. Nunca había ido a Buenos Aires y me parecía estar entre París, Madrid y Nueva York. El director musical de mi proyecto, el maestro Jorge Calandrelli, era una persona maravillosa y me caía muy bien. Había tantas novedades. Estrenaba todo un entorno personal y profesional, cantaba otro tipo de música y vivía el proceso de ver cómo se escribían canciones especialmente para mí.

Y me tocó participar en el proceso, pues escribí también. Nunca había vivido eso en mis discos anteriores porque me llegaban las canciones hechas. Ese proceso de tener un productor a mi lado y que estuviera componiendo para mí fue muy agradable.

El viaje a Argentina fue crucial en solidificar mi relación con Laureano porque encontré más razones para sentirme segura con él. Aparte de la atracción y del enamoramiento, teníamos un camino que podíamos recorrer juntos.

Además con Laureano era distinto: fue mi primer novio de tiempo completo.

Fue mientras estaba en Argentina, cuando ya nuestra relación era más seria, que Laureano me confesó que tenía una hija, que había estado casado y que era mayor de lo que me había dicho en un comienzo. Pero también me aseguró que hacía mucho tiempo que estaba separado, y eso me tranquilizó un poco. Por otra parte, en ese momento la prensa no era lo que es ahora y Laureano tampoco era tan conocido en Argentina; entonces no existía ese escrutinio feroz que existiría después con nuestra relación.

Pero sí había escrutinio por parte de mis padres. Una vez que regresé a Puerto Rico, tuve una discusión bastante fuerte con ellos y me fui de la casa por primera vez. Mis papás no estaban de acuerdo con que yo estuviera saliendo y llegando tan tarde a la casa y estaban muy incómodos con el hecho de que saliera tanto con Laureano.

No lo conocían, no conocían a la familia, no tenían ninguna referencia. Yo era su única hija mujer y había tenido una vida muy protegida. Las cosas para ellos evolucionaron demasiado rápido. Un día, tuve una discusión muy fuerte con mi papá donde él me dijo cosas que me hirieron mucho. Me di cuenta muchos años después de que eran las grandes verdades, pero en ese momento, para mí, era un reto lo que me estaba diciendo.

Básicamente me dijo que yo era demasiado joven para estar tomando esas decisiones, y que no tenía la madurez ni la capacidad para vivir una relación adulta, y muchísimo menos vivir sola. Ahora entiendo que me habló así por la frustración que sentía. Pero en ese momento lo tomé como un reto a mi capacidad, me pareció que me estaba faltando al respeto, dado que yo era independiente en todos los sentidos, según yo.

Lo menos que quería era pelear con mis papás, pero también entendí que la vida que yo quería llevar, las decisiones que quería tomar, las tenía que tomar sola, no mientras viviera con ellos. Hubiese querido irme de mi casa de una manera armoniosa. Antes de empezar a salir con Laureano, ya estaba contemplando la posibilidad de comprarme un departamento cerca de mis papás y de hacer una transición gradual y normal. Después de todo, estaba contemplando casarme con Jacky así que la salida de mi casa era inminente de una manera u otra. Pero nunca pensé que se daría en medio de una discusión. Ese día agarré las llaves de mi carro y la cartera —con el vestido que tenía puesto— y me fui. Me detuve en el centro comercial, me compré una muda de ropa y un cepillo de dientes y lo absolutamente necesario para no tener que regresar a casa.

Luego, llegué al Caribe Hilton y me alquilé la suite más espectacular que había. Me fui ahí porque no quería hacer ningún escándalo. Pensé que nadie especularía si me veían en el Hilton, porque era uno de los sitios donde hacía temporada y no era extraño que me vieran entrar y salir.

Pero desde el día que llegué, comencé a buscar un departamento. A la semana encontré el departamento de mis sueños, frente a la playa. Allá me mudé. No tenía nada. No sabía ni por dónde empezar, porque nunca había vivido sola, pero aprendí.

Ya, a través de Paquito Cordero, que seguía siendo mi representante en ese momento, había mandado razón a mis papás, diciéndoles dónde estaba y que estaba bien. Pero tomó un par de semanas antes de que volviéramos a hablar.

Es irónico que haya sido Laureano quien me dijera:

—No te debes ir así. Tus papás tienen razón, y yo no voy a ser la persona que te va a alejar de tu familia. Creo que debemos ir los dos juntos a hablar con ellos.

Al principio, mi papá no quería que él entrara a la casa. Quería hablarme a solas. Pero entramos los dos.

Laureano les dijo que él los entendía, que no estaba jugando conmigo. Pero había una tirantez que nunca se superó del todo. Y luego, al tiempo, cuando ya públicamente era mi novio, salió a la luz que Laureano era casado. Entonces, ya después de yo haber tenido una imagen limpia, de buena reputación, de pronto surgía una mancha.

Pero al final, pese a todo, Laureano y yo nos casamos más o menos al año de conocernos. Yo tenía apenas veintitrés años. Nadie lo anticipó. Había sido protegida todo la vida en mi casa, vivía con mis padres, y ayudaba a mi familia con el dinero que me ganaba. Tenía mi propio carro y mi independencia pero igual venía de una familia muy conservadora. El sueño de mi mamá era que saliera de mi casa vestida de blanco. Pero no fue así.

Me casé en una ceremonia muy íntima en la sala de la casa de mis padres, con dos o tres vecinos, sin prensa ni fiesta. Fue idea de Laureano. Él quería que nos casáramos nosotros, con el juez y mis papás. Nadie más. De hecho, cuando estábamos manejando hacia mi casa vio muchos carros estacionados y pensó que era gente de prensa. Me dijo «no me caso».

No tengo buenos recuerdos de ese día. Había tensión y mi papá estaba bien molesto. Pero a pesar de todo, yo estaba contenta. No era lo que mi papá y mi mamá habían soñado; como mencioné, su ilusión para mí era la boda de iglesia y traje blanco, y no fue así. De hecho, nunca me llegué a casar por la iglesia. En esa ocasión, me vestí con mi trajecito blanco, pero fue ahí, en la sala de la casa. Lo pensé en ese momento: «No es lo que mis padre quieren, pero me estoy casando con el hombre que amo».

Sentía que estaba enamorada. Ahora, mirando hacia atrás, no más enamorada de lo que estuve de Jacky pero sentía que amaba a Laureano. Y en ese momento me parecía completamente lógico casarme con él.

11

LA ETAPA DE EXPANSIÓN

Aunque tenía contrato con una compañía discográfica, Laureano me sugirió que firmara con una multinacional. Pedí la carta de libertad de Borinquen Records y firmamos con Ariola, en Venezuela. Fue un paso arriesgado, pero casi inmediatamente me firmó el sello de Radio Caracas Televisión, donde también estaba Menudo. El contrato estaba atado a una cadena televisiva cuando Venezuela vivía su apogeo como productora de música y televisión.

Fui a Venezuela para participar en el Festival de la OTI con una canción que escribió Laureano conmigo, «Cadenas de fuego». Todo parecía a mi favor. Era una artista bien querida en mi país, con toda la ilusión de ganar el concurso y la canción era bella...

No ganamos, pero fue un éxito enorme cuando regresé a Puerto Rico. Una gran lección para mí: a veces cuando se pierde, se gana más. Al año siguiente, Paquito Cordero, quien manejaba OTI en Puerto Rico, quiso que volviéramos a participar nuevamente. Yo estaba bastante renuente de aceptar pero nos convenció. Ésta vez, la canción sería interpretada por un joven puertorriqueño con una voz impresionante, Rafael José. Habíamos escrito una canción para mi nueva producción que nos pareció perfecta para Rafa. Le cambiamos la letra y la presentamos a Paquito. Le encantó y con «Contigo Mujer» hicimos las maletas una vez más.

La competencia fue en Buenos Aires, y ganamos con Rafael José el primer lugar. Fue una gran emoción para todos. Y para mi especialmente, porque llevaríamos un triunfo a Puerto Rico. Eso justificaba todos los sacrificios.

Todo parecía estar marchando bien: el triunfo en la OTI, mi carrera, los éxitos en la radio. Pero al mismo tiempo, otros aspectos de mi vida se empezaron a complicar. Yo era, de alguna manera, la novia de Puerto Rico, su niña consentida. Pero mi vida personal ya no era tan perfecta.

Después de haberme casado con Laureano, fuimos a presentar los papeles a inmigración para gestionar su residencia permanente. Pensaba que todo estaba en ley. Pero unos días después, me llamaron para regresar a las oficinas. Y ahí me cayó un balde de agua fría: «Este señor está casado, el matrimonio con usted no es válido».

¡No entendía nada! Pero la realidad era que a pesar de que Laureano estaba separado, no estaba divorciado como me había dicho. Lo confronté y me dijo que estaba separado legalmente, más no divorciado.

Le pregunté que cómo era posible que esa fuese la situación. Me dijo que no había dicho nada porque no me quería perder, y que él sabía que lo podía resolver.

Fue horrible para mí. El pánico mayor era tener que decirles a mis papás que mi esposo no sólo era casado sino que tenía otra familia. Mi papá estaba devastado y mi mamá también. Y es que las implicaciones eran muchas. Más allá de la mentira a nivel personal, yo había tenido una vida libre de controversias y de pronto se me venía todo esto encima, con un hombre que no conocían, ni a él ni a su familia.

Laureano tuvo que hacer un proceso de divorcio que fuera satisfactorio para inmigración aquí en Estados Unidos. Hicimos todos los trámites, pero me tuve que casar otra vez, en secreto, en las Islas Vírgenes, porque no podía públicamente volver a casarme cuando ya estaba casada.

Eso repercutió en mi programa de televisión y afectó mi carrera. Uno de mis grandes auspiciadores finalizó nuestro contrato porque dijo que «no era la imagen que ellos querían proyectar».

A la vez, y a sugerencia del propio Paquito Cordero, quise hacer con Laureano lo que Luis Vigoreaux había hecho conmigo al apadrinarme y darme un espacio en su programa. En este caso fue idea de Paquito que Laureano estuviera en el programa todas las semanas como invitado y me pareció una buena propuesta. Pero ni al público ni a los auspiciadores les gustó la combinación y fui perdiendo patrocinios. En el fondo no aceptaron a Laureano. Y yo estaba enamorada y cuando me hacían preguntas difíciles en la prensa, yo lo defendía. Me cuestionaban si era bueno para mí y yo decía que sí. Incluso después, aún en los momentos difíciles cuando nos divorciamos, nunca hablé mal de él. Laureano comenzó a tener problemas con Paquito porque quería controlar todo lo relacionado al programa y a mí. Fue una etapa muy difícil. Finalmente, me cancelaron el programa de televisión porque se fueron algunos de los grandes auspiciadores, y fue terrible. Mi programa era mi motivo de gran orgullo y felicidad. Yo debía gran parte de mi éxito a ese programa. Además, era la única fuente de ingresos segura que tenía. Trabajaba mucho en shows, pero la tranquilidad que ese ingreso me daba de repente terminó.

Gracias a Dios, mientras todo esto pasaba, la prensa de Puerto Rico se portó muy bien conmigo; jamás me atacaron por mi matrimonio. De hecho, todavía me encuentro con periodistas de esa época, y me dicen: «Es que tú eras muy nena, te cogieron de estúpida».

Apostarle a Laureano, jugándomela desde tan temprano siendo tan jovencita, fue muy difícil emocionalmente: sufrí mucho. Tuve peleas con mi familia y rompí lazos con gente que era importantísima en mi vida, como Paquito Cordero.

Porque eventualmente Laureano empezó a manejar todo. Decía que no era mi manejador, pero tampoco permitía que alguien me representara. Después de cuatro años de casados, nos mudamos para Miami, porque él decidió que era un mejor lugar para las carreras de ambos. No estaba muy convencida pero decidí aceptar la mudanza. Nuestro sustento dependía de mis presentaciones en Puerto Rico, pero Miami quedaba cerca.

Estaba firmada con Radio Caracas Televisión, y ellos llegaron a un acuerdo con Melody en México. Hicieron lo que llamaron un «intercambio»; me lanzaron a mí en México, y a Amanda Miguel en Venezuela.

Melody, en ese entonces, era un sello líder propiedad de Televisa, y al pasar a un sello mexicano se me abrió el mercado que tanto había deseado. Entrar a México era un gran reto pero para mí, uno de mis más grandes sueños.

Luego del triunfo en la OTI, estábamos muy inspirados con lo que parecía ser una nueva y emocionante etapa en mi carrera. Laureano y Alejandro Vezzani compusieron el tema que se convertiría en mi carta de presentación en América Latina, la canción «A que no le cuentas» fue seleccionada para ser el tema de una telenovela en Venezuela llamada *Jugando a vivir*. En poco tiempo, la canción se convirtió en un gran éxito internacional. Y al sol de hoy sigue siendo una de mis canciones más solicitadas y grabadas por otras artistas internacionales.

Pero más allá de Venezuela, «A que no le cuentas» se convirtió en un éxito enorme en todo el mundo. La canción rompió todos los esquemas del momento. Me cambió la vida.

Y yo estaba lista. Había estado preparándome para esa oportunidad , casi sin darme cuenta. Fue una progresión natural. Mi experiencia previa me ayudaba a enfrentar los nuevos retos de una carrera mucho más comprometida. Era nueva en México, y me percibían así. Pero podía presentarme donde fuera con mucho aplomo. ¡Lo estaba haciendo desde chiquita!

Ah, pero eso casi nadie lo sabía. Era una mujer muy joven y hasta sexy, cantando una canción fuerte, pero también era una persona inteligente, articulada y extrovertida que gustaba de la conversación. Me llevaban a programas musicales, pero también a entrevistas con periodistas muy serios y respetados. Hablábamos de todo. Y eso aparentemente llamaba mucho la atención. No era usual, pero para mí, tampoco era inusual las conversaciones más allá de mi signo zodiacal o mi color favorito. Eso se lo debo a Papi que constantemente me inspiraba a leer el periódico y enterarme de lo que pasaba en el mundo. Desde chiquita, cuando íbamos en el carro de camino a la escuela, me preguntaba de todo lo que sucedía en el país y cuando no sabía de que me hablaba, me decía; «pero eso salió en el periódico, ¿no lo leíste?» ¡Sutil forma de ponerme a leer!

Poco a poco, México comenzó a volverse una realidad para mí.

El señor Raúl Velasco, el gran conductor de televisión, sí sabía de mi trayectoria en mi país. Cuando me presentaba en su programa comentaba que yo era una estrella en Puerto Rico. Pero México apenas me empezaba a conocer, y me veían como una principiante. Alguien que comenzaba a dar sus primeros pasos en la música. Y creo que esperaban inseguridad y nervios, como todo principiante. Pero sucedió lo opuesto. Cantar en público era lo que mejor hacía. Me sentía como pececito en el agua y eso causó mucho impacto.

Los espectáculos en vivo eran lo mío. Armar un repertorio que tuviese momentos claves de emoción, ritmo, diversión, romance, me interesaba mucho.

No se trataba de cantar por cantar, sin pensar en la dinámica emocional; era hacer un show para entretener a un público por dos horas. Cantarles y contarles sus historias para que conectaran con lo que estaba pasando.

Para mí, el rango de emociones es la estructura definida que he manejado siempre. En mi espectáculo, las cosas deben progresar de manera que me permitan abarcar todo el abanico emocional. Lo aprendí en los clubes nocturnos, buscando canciones que en aquel entonces se adecuaban a lo que quería transmitir. Cantaba temas de The Carpenters, de Tina Turner, Barbra Streisand, de mucha gente. Buscaba distintos tipos de ánimo, con variedad de ritmos. Como músico, siempre persigo los momentos de ritmo y pasión. Cuando llegué a México, mi propuesta gustó. Gustó mucho.

Me siento —y soy— completamente libre en escena, pero también supremamente meticulosa con mi espectáculo. El día de cualquier show es caótico. Por más que haya hecho la preproducción o la producción y ya esté completamente tranquila de que todo está donde tiene que estar, siempre existe el elemento sorpresa, los imponderables, y todas esas cosas me dan vueltas en la cabeza. Trato de mantenerme tranquila, pero no es muy fácil el día de un show.

Es similar a lo que le sucede a los atletas o a todo el que debe enfrentar una tarea en público. Es como lanzarse al abismo; por más que lo practiques, por más que te prepares, nunca se te quita ese mariposeo en el estómago.

Tengo mis rutinas, que sigo fielmente, porque, hasta cierto punto, la rutina brinda tranquilidad. Me levanto tarde, lo más tarde que pueda, al mediodía, o un poco después. A esa hora desayuno fuerte, porque el resto del día no puedo comer. Mi horario depende del lugar. Si es una fiesta patronal, un show de radio, ese tipo de evento, llego lo más cerca de *show time* posible; es decir, lista para salir al escenario. Y si me lo permiten, trato de quedarme después para saludar a los fans y tomarme fotos con ellos.

Pero si voy a presentarme en un lugar grande, como un teatro, arena o estadio, llego varias horas antes. Me gusta caminar el espacio, sentirlo, encontrarle sus rincones y sus secretos. Así puedo ver todos los detalles de última hora antes de que llegue todo mi equipo. Hago ejercicios, voy calentando y estirando mi cuerpo y mi voz. Reviso el *run down*. Me reúno con mi director musical para asegurarme de que todo esté claro. Me reúno con el productor, con el coordinador de escena. No importa si es un show que hago todas las noches en una gira, aun así me gusta asegurarme de que todo esté en orden. Como los lugares varían, hay detalles técnicos —entradas, salidas—, que hay que revisar antes de subirme al escenario.

Para mí, este proceso es el de «recoger los ángeles»; los ángeles de los teatros y de los escenarios donde me paro a cantar. Si es un sitio muy grande, me gusta caminar la entrada al escenario y después me voy a la parte más lejana del mismo para ver qué es lo que ve el público, medir la dimensión del lugar, y hasta dónde tiene que alcanzar mi energía. Soy un transmisor y tengo que sentir el espacio para proyectarme hasta el rincón más lejano. Es una costumbre que tengo desde siempre.

Me involucro mucho. Es parte de mi proceso de estar presente y empapada en lo que sucede. Quiero saber todo lo que me rodea para estar tranquila y poderme manejar.

En México me di a conocer con una balada, pero además cantaba otro tipo de música, y eso llamó la atención. Aunque no conocieran mi repertorio, el espectáculo gustaba mucho. Era lo mío, desde siempre, sin miedo.

En el escenario hago cosas que no me atrevería a hacer fuera. No tengo barreras y lo vivo de otra manera. Ahí no tengo esposo, ni hija, ni hermanos, ni marido, nada. Soy una criatura libre completamente, que habita ese espacio para hacer feliz a la gente. Siempre le advierto a mi familia: ¡no se asusten! Obvio, tampoco me voy a volver loca, pero no le pongo límites a mi expresión como artista. Y fuera del escenario, tampoco soy totalmente la norma.

México era un país más estructurado, de más protocolo. Yo no era así. Era muy espontánea. Recuerdo que cuando llegué, usaba faldas muy cortas, y me pusieron un apelativo que me parecía muy gracioso: me decían Piernita Nazario. Iba con mis minifaldas, mis tacos altos , mi pelo blanco y quemada por el sol. Era una chica rebelde, pero bastante seria.

Me retaban constantemente. Hice programas de variedades, noticias, entrevistas y me sentía perfectamente cómoda porque venía de la televisión. A veces me hacían preguntas capciosas, pero sabía cómo defenderme y qué contestar; las conferencias de prensa eran súper divertidas. No era novata, pero ellos no lo sabían. Era real. Era mi naturaleza y siempre había roto las reglas.

Todo eso ayudó mi carrera en México. La exposición fue monumental y el público me aceptó de una forma masiva. Viajé el país entero. Trabajé en muchos lugares. Y logré lo que para un artista internacional no era fácil: hacer giras de palenques. ¡Qué experiencia tan especial!

Me enamoré de México conociendo sus rincones, y estar cerca del pueblo me hizo quererlos más. Aprendí mucho porque estaba rodeada de gente con experiencia y me ayudaron a abrirme paso en ese enorme país. Don Raúl Velasco fue un gran mentor para mí. También Don Nacho Morales, el entonces presidente de Melody y su equipo, y tantas otras personas que creyeron en mi talento y me apoyaron para ganarme el corazón de los mexicanos.

Eventualmente, Laureano y yo nos mudamos a Los Ángeles, para estar más cerca del mercado mexicano. Y sucedió algo extraño. Mientras más éxito tenía mi carrera en México y el resto de América Latina menos sonaba en Puerto Rico. En esa primera etapa de los años ochenta, yo estaba representada en Puerto Rico por Padosa, la compañía de discos de Menudo. Fue maravilloso para Menudo, pero lo mío casi no se promocionaba. Padosa era una compañía pequeña, familiar, y no tenían la infraestructura de una compañía de discos internacional. Menudo era un fenómeno mundial y prácticamente se vendía solo, pero lo mío era otra cosa. Entonces, en México y toda América Latina mi éxito era innegable, pero en Puerto Rico era como si no existiera. Mucha gente pensaba que me había retirado, y solo algunas personas de los medios sabían que estaba muy activa en otros mercados, especialmente en México.

Sin embargo, de alguna manera durante esa separación de Puerto Rico pude desarrollar más mi propia personalidad, tanto musical como escénica. Y creo que estar tan lejos de los míos, de mi familia y mi país me obligó a desarrollar destrezas de supervivencia, a buscar fuerza dentro de mi misma para enfrentar la vida que se desencadenaba frente a mí. Lo bueno y lo otro.

12

YO SOY EDNITA NAZARIO

*C*uando llegué a México ya venía con un estilo definido que empezó con mi programa de televisión. Ahí logré encontrar mi voz y consolidar los elementos que hoy me definen en el escenario.

Empezó por el vestuario, que siempre ha sido una batalla campal, porque a mí me gusta la ropa cómoda, y la ropa cómoda no es necesariamente *high fashion*.

Cuando era adolescente y mi amiga Margie me prestaba los vestidos, era otra cosa. Por un lado, me solucionaba el problema. Pero por otro, yo en esa época era mucho más conservadora y calmada en escena.

Ya cuando la música se volvió más dinámica, más emocional, me di cuenta de que mi vestuario tenía que aguantarme; no podía ser ni frágil ni muy delicado. Tiene que aguantar la energía que tengo en escena porque me muevo mucho y necesito sentirme en total libertad. Por mucho tiempo usé mucho color y luego hice una transición hacia el negro. Primero en escena y luego en mi diario vivir.

Trabajo desde hace mucho tiempo con el diseñador puertorriqueño Ed Coriano y a veces me hace trampa para convencerme de usar color. En un principio, tal vez hubiese usado los colores, pero desde los años ochenta ya no me sacan del negro. La justificación creo que es subconsciente y hasta lo hablé con un psicólogo amigo mío. Y es que mi mamá no me dejó vestirme de negro hasta que tuve quince años porque asociaba el negro con el luto. Y después de que me independicé, me volví obsesiva con el negro. Pero no fue sólo eso. Todo lo que no me pude poner cuando vivía con mi mamá, quien me controlaba vestuario dentro y fuera del escenario, me lo puse tan pronto tuve autonomía.

Vivir fuera de la casa me ayudó porque me encontré. Encontré mi propia voz y mis propios gustos, muy diferentes a los de mi mamá. Con Mami, eran trajes largos y conservadores. Ya cuando me casé, comencé a ponerme la ropa más sexy, a enseñar las piernas. Mi mamá no me criticaba, porque ya era una señora casada y podía hacer lo que quisiera.

Mi hija se ríe con esos cuentos porque es prácticamente imposible para ella pensar que una madre puede tener ingerencia sobre tu ropa cuando eres *teenager*. Sin embargo, en esa época era así. La adolescencia fue una época difícil. Quería terminarla lo más rápido posible. Había un conflicto muy grande entre lo que quería hacer y lo que me permitían hacer. Me sentía fuera de lugar. Y para mi mamá la cronología era crítica: había que respetar la edad adecuada para cada evento; cosas como afeitarme las piernas, usar maquillaje, escoger mi ropa, eran momentos cruciales. No podía rebelarme; la tenía que convencer. Pero al final, ella tenía la última palabra.

Más allá del color, he probado de todo para cantar, pero me siento más cómoda en pantalones. Y eso también fue una evolución. Al principio usaba pantaloncitos cortos, chaquetas grandes y minifalda, el *look* del momento. Me gustaba la minifalda, pero en el escenario me limitaba el movimiento. Ahí comencé a usar pantalones. Y me enamoré. ¡Libertad total!

Ed siempre me ha ayudado a sentirme segura con mi cuerpo. Realza lo bueno y disimula lo otro. Es genial. Soy bastante tímida, pero Ed me ha dado mucha confianza y una vez me visto y salgo al escenario, se esfuma la timidez.

Aun así, me gusta que la atención del público se concentre menos en la moda y más en mi cabeza, en mi boca, en lo que voy a decir. Es otra razón por la cual me gusta el negro: porque es elegante en escena y no distrae.

Es la misma razón por la cual a la hora del maquillaje, la maquillista se encarga de mi cara, pero mis labios me los delineo yo. Por manía. Por mi boca salen todas las cosas importantes que voy a hacer, por ahí voy a cantar, siento que es un espacio que tengo que manejar yo. La forma de mis labios es importante para mí, y así me maquillen todo lo demás, mis labios los dibujo yo.

El color de los labios cambia con mi estado de ánimo, pero así sea rojo fuerte o un rosado más tenue, siempre va bien con mi ropa negra.

Hoy, lo que me pongo en el escenario es un reflejo de cómo me siento: hay épocas en que me siento más libre y otras en que me siento más recatada.

Todavía hasta el día de hoy tengo personas que dicen: «es que tú *tienes* que hacer esto o aquello». Y yo digo: «Yo no *tengo* que hacer nada». Yo hago lo que me nace de mi criterio y de mi corazón. Sí, he tenido mucha presión en muchas cosas. Con mi peso, por ejemplo, pero soy feliz. Si pudiera cambiar algo, me gustaría ser más alta. Pero como no puedo hacer nada al respecto, he aprovechado lo que tengo. Mi busto, por ejemplo, ha sido protagonista de muchos videos. Quizás no sea demasiado grande, pero tengo un busto bonito, natural, no me hecho nada y no le tengo temor a los escotes. Es mi cuerpo, me ha servido maravillosamente y lo he usado como he querido. He vivido una vida plena e intensa con el equipo que Dios me dio.

Creo que la mujer tiene que tener su propio criterio para vivir la vida que ella determine en todos los sentidos, y lo primero que tenemos que hacer es aceptarnos y comprender que somos las únicas autoras de nuestros destinos. Qué bueno cuando tienes amigas, como mi Maricarmen, que te dan consejos, porque aprendes mucho de ellas. Pero al final del día, las decisiones basadas exclusivamente en la apariencia física no nos sirven. Y a veces se convierten en grandes obstáculos para nuestra autoestima y felicidad.

Le digo a mi hija: «Uno es adulto más tiempo de lo que es joven. Entonces cultiva tu adultez. Cultiva las cosas que son importantes, que te van a durar más. Es más importante lo que llevas dentro que lo que te pones».

Crecí en una época en que para enterarme de qué pensaba la gente de mí, tenía que leer las críticas en un periódico. Hoy, todo lo que hacemos genera una reacción inmediata. Aun así, no puedo vivir obsesionada por eso porque al final del día es una realidad con la que he aprendido a vivir.

Es mi cuerpo. Me cuido y me gusta verme bien. Llevo una vida bastante sana y hago lo necesario para sentirme fuerte y sana. Pero el día que me mire en el espejo y no me guste lo que veo, no descarto la cirugía plástica. Aún asi, lo más importante para mí es cómo me siento conmigo misma. Mi cuerpo es donde habita mí espíritu. Me acepto y me cuido. No vivo obsesionada, pero quiero sentirme saludable y verme lo mejor que pueda. En ese orden.

Es parte de la responsabilidad como artista, pues todo lo que uno hace queda retratado de alguna manera y debemos vernos bien. Aprendo todos los días, y no temo corregirme.

Una de las fotos favoritas
que tomó y guardaba mi papi,
Don Naza.

Rezando en la
«habitación» creada
en el espacio de un
closet en el cuarto
de mis padres.

Con mi hermano mayor, Tito, y las hijas de mis
padrinos, Bebín y Elba Mora.

Con mi abuelo Ismael. Las visitas a su finca eran memorables.

Todos las fotografías son cortesía de Ednita Nazario, salvo que se indique lo contrario.

Muy orgullosa con mi muñeca, el «pago» recibido por mi concierto en el Teatro La Perla en Ponce.

Posando para la cámara de mi papi.

Cantando con mi amigo José Manuel Zambrana de The Kids From Ponce.

En mi programa de radio en la emisora WEUC en Ponce a los 13 años.

Con mi inseparable
mejor amiga,
Maricarmen Cancio.

Con mi inseparable
mamá, doña Gudy, en
uno de los muchos viajes
que hicimos juntas.

En el desfile militar al
ser coronada Miss
Teenage Puerto Rico
en 1971.

El fatídico concierto en el Hotel Caribe Hilton en el cual Jacky me vio y poco después terminamos nuestra relación.

El actor José Ferrer (centro) me invitó a cantar al Hotel Grossingers en los Catskills en Nueva York en 1971.

Con mis padres en una visita a Miami.

Con Carolina, de un añito, en brazos.

Con Luis Ángel y Carolina, celebrando su cumpleaños número dos.

Con mi tercer y actual marido, Luis Bonnet, el día de nuestra boda en Las Vegas.

En la gira *Espíritu Libre*, cantando ante 36.000 personas el 5 de abril de 1997 en el Estadio Hiram Bithorn en Puerto Rico.
Tania Dumas

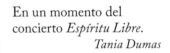

En un momento del concierto *Espíritu Libre*.
Tania Dumas

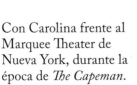

Con Carolina frente al Marquee Theater de Nueva York, durante la época de *The Capeman*.
Omar Cruz

A la entrada de Carnegie Hall, el aviso anunciando el concierto de Ednita Nazario el 29 de junio.
Licette Parlade

Recibiendo mi Estrella en el Paseo de la Fama de la Calle 8 en Miami junto a mi hija Carolina.
Raymond Collazo

En mi concierto *Apasionada*, en el Coliseo José Miguel Agrelot.
Tania Dumas

Con un peluca color platino y vestida toda de negro, mi color favorito, aquí estoy en mi gira *La Más Fuerte* en 2016.
Lexter Leonardo

Cuando recibí un Grammy por Excelencia Musical, otorgado por La Academia Latina de la Grabación el 17 de noviembre de 2016.   *Lexter Leonardo*

Junto a un busto en mi honor en Ponce, mi ciudad natal.
Lexter Leonardo

Y por otro lado, como toda mujer, soy presumida... Me exijo mucho y soy bastante disciplinada. Pero también sé que al final, lo que queda de uno es mucho más importante que un vestido de *high fashion*.

Siento que mi verdadera identidad, mi verdadero yo, comenzó a forjarse temprano, pero se hizo más evidente cuando terminé mi primer matrimonio. Es irónico que me haya tocado pasar por situaciones tan difíciles, a un costo personal altísimo, para convertirme en la persona que soy hoy.

Reflexiones a la medianoche

Otra vez... otro insomnio, amigo fiel que me acompaña en la cama.

Es tan familiar su presencia que presiento que nunca se irá.

¿Por qué hoy?, ¿por qué ayer?, ¿por qué tantas noches conmigo? ¿Será un mensaje subliminal que debo descifrar? ¿Será que hay algo escondido en mi desvelo que tengo que descubrir? Busco respuestas... ¿las encontraré? ¿Dónde? ¿Cuándo? ¿Valdrá la pena dormir? ¿Qué gano y qué pierdo? Ya ni las ovejas quieren desfilar en mi mente, ¡y mis pulmones no aguantan ni un ejercicio más de relajación! ¿Y qué hago? Pensar en nada no me funciona, ¿cómo aquieto mi cerebro? ¿Cómo? Camino, apago la luz, rezo, vuelvo a prender la luz, voy a la cocina, tomo agua, leo, juego con mis aparatos electrónicos, cierro mis ojos, cuento hasta mil y nada. Mi compañero no quiere abandonarme... Este insomnio terco y posesivo, que se ha adueñado de mis noches y me obliga a pensar, pensar, pensar... Pues nada, hoy volviste a ganar, amigo. Dormiré en otro momento, cuando el mundo se despierte, cuando el rubio brille con fuerza. Y otra vez, aunque no te invite, seguramente volverás a estar conmigo, una noche más como la de hoy, y ayer, ¡y los otros ayeres!

13

LA PRIMERA GRAN PÉRDIDA

Mientras mi carrera crecía más y más y todo aparentaba estar bien yo me sentía más y más infeliz en mi vida personal.

Laureano tomó más control sobre mi carrera. Él me producía, manejaba mis asuntos y escribía muchos de mis temas. En un principio me pareció maravilloso lo que hacía, pero después me di cuenta de que su gran interés por mi era como artista, más que como esposa. Porque con el tiempo, Laureano cambió mucho conmigo. Me sentía como un producto, sin alma. Y ahí se empezó a fracturar todo.

Tiempo después, hubo rumores de que yo había frenado la carrera de Laureano por echar la mía hacia delante, pero eso no era cierto. Siempre quise que él cantara más, pero me decía que no, que no era el momento. En una de mis grabaciones le pedí que cantara conmigo el tema «Mi pequeño amor». Iba a grabarlo yo sola, pero en el estudio le pedí que cantara conmigo la segunda voz. Eventualmente, escogieron la canción como tema de la telenovela *Coralito*, y fue un éxito. A raíz de eso es que él empezó a contemplar regresar a cantar. De hecho, el famoso nombre de «El Ángel del Rock», el apodo que él ahora usa, se lo puse yo. Estaba feliz de que él cantara porque podía tener una carrera sólida. Además necesitaba que trabajara porque toda la carga económica la estaba llevando yo.

Pero lo cierto es que aunque parecíamos la pareja exitosa perfecta, internamente nuestra relación estaba muy, muy mal. Lo que descubrí con Laureano es que es importante ser honesto con uno mismo y que la verdad, no las apariencias, debe ser el fin de los esfuerzos y los sacrificios.

A él le gustaba la vida de la estrella inaccesible. Todo era en función de mantener esa pantalla. Y para mí ese aislamiento, esa inaccesibilidad, esa soledad, ese supuesto precio por el éxito, no era ser feliz. Si yo era infeliz como persona, el éxito profesional no tenía sentido. Alcancé un éxito que no había vivido antes, es cierto. Pero esa no era mi felicidad. Había muchas cosas que no estaban bien, que iban contra todos mis principios. Asuntos de fidelidad y de lealtad, más que todo.

Tantas y tantas cosas de las cuales nunca hablé y no quiero hablar todavía. Nunca me gustaron los escándalos y no me gustan aún. Intenté por todos los medios que no termináramos en divorcio porque no me imaginaba enfrentarlo y mucho menos después de tantas situaciones. Ilusamente pensé que con el tiempo podíamos arreglar nuestras diferencias. Eran muchas e insalvables. Pero necesitaba intentar no divorciarme. Sin embargo, ocho años después de haberme casado, las circunstancias me llevaron a tomar la decisión de terminar esa relación que ya no era relación.

El detonante final sucedió cuando tuve un embarazo y lo perdí.

Vivíamos en México para ese entonces. Ambos estábamos trabajando mucho. El comenzaba a darse a conocer con su música y yo ya tenía todo el éxito y reconocimiento del mundo, pero era absolutamente infeliz.

Mi mamá había viajado de Puerto Rico a verme para mi cumpleaños, y una noche, estando las dos solas, le dije: «Mami, me siento tan insatisfecha».

Estábamos las dos viendo un especial de televisión donde cantaba Van Halen y David Lee Roth. A mí me encantaba David Lee Roth. Yo estaba acostada en el sofá con mi cabeza en el regazo de mi mamá, y ella me rascaba la cabeza. De pronto empecé a llorar desconsoladamente.

—¿Qué te pasa? —me preguntó.

—Mami, es que no entiendo —le dije—. No entiendo nada de lo que está pasando. Me siento tan mal, me siento tan infeliz. Nada está funcionando. Me pregunto si esto es lo que me toca. Si esto es el precio del éxito.

Mi mamá ya intuía que las cosas no andaban bien. Yo no le contaba nada porque no quería preocuparla con lo que pasaba en mi matrimonio. Las dificultades que teníamos Laureano y yo no se las contaba a nadie.

—Tranquila, esto va a pasar, no te preocupes —me dijo—. Vas a estar bien. —Nunca me dijo «divórciate». Ni mi papá ni mi mamá me lo dijeron. Pero me decían siempre que no estaba sola. Eso sí que lo agradezco.

Esa noche me acosté, y al otro día empecé a sangrar.

—Estás embarazada —dijo mi mamá.

—Imposible —le contesté—. No puede ser.

Yo no sabía que estaba embarazada, ni lo sospechaba. Pero resultó que sí lo estaba. Empecé a sangrar y llamé a mi médico en Puerto Rico, y me dijo que me montara en un avión de inmediato y volara a la isla, porque me quería atender, en mi casa. Pero Laureano quería que me quedara porque tenía la presentación de su disco. Esa actitud me chocó. Era claro que pensaba que un evento profesional era más importante que la salud de su esposa.

Me fui por encima de sus protestas, pero me sentía tan mal que ni sé cómo llegué al aeropuerto. Mi mamá fue quien me dio la fuerza para pasar esa crisis. De hecho, cuando aterrizamos fui directo al hospital. Y, efectivamente, cuando llegué me hicieron los exámenes y estaba embarazada. Pero para ese entonces ya no importaba. Perdí a mi bebé.

Mientras tanto, en México, Laureano tuvo su presentación y cinco días después por fin vino a verme al hospital en Puerto Rico. Se paró al lado de mi cama en el hospital y furioso comenzó a decirme que había abortado a propósito para hacerlo sufrir.

—¿Cómo puedes decir eso? —le pregunté—. Fue una emergencia médica. Casi me muero.

Fue uno de los momentos más horribles de mi vida. Estuve cinco días en el hospital y no paré de llorar, porque eran demasiadas cosas a la vez. La profunda tristeza de enterarme que estaba embarazada, de perder el embarazo —aunque no habíamos estado buscando tener hijos en ese momento— y de ver mi relación desmoronarse. Por un momento me cuestioné: ¿Por qué me está pasando esto? Era la primera vez que perdía un bebé y pensé que lo podía haber evitado. El doctor me lo explicó mil veces: que no era culpa mía, que es la naturaleza que se corrige y que no es algo que tú hagas o dejes de hacer. Es tu cuerpo haciendo ajuste.

Qué momento tan difícil para mí y para toda mi familia, que veía con impotencia lo que me estaba sucediendo, sin poder intervenir. Pero yo sabía que no estaba sola. Siempre lo supe.

Ese fue el golpe final a nuestro matrimonio. Después de eso, volví a Los Ángeles por mis cosas, y regresé ya definitivamente a Puerto Rico.

Reflexiones a la medianoche

Hace varios años visitaba a un buen amigo que tenía una preciosa vivienda en el tope de una montaña. Desde allí se divisaba un paisaje impresionante. Bosque, monte frondoso y verde, y en la lejanía, un majestuoso mar que se asomaba tras la silueta de la cordillera dominando todo el horizonte. En días pasados, había azotado un huracán que golpeó con fuerza a casi toda la isla. Y esa misma vista que tanto me había impresionado, me llenaba los ojos de lágrimas al ver la desolación de tanta naturaleza herida, tanto árbol caído, ramas rotas, hojarascas y troncos, plantas con las raíces al aire, deslices de terrenos que ahora se mostraban como heridas del suelo, desnudas y sangrantes, como si un animal misterioso hubiese rasgado su piel. Pensaba en los animales sin hogar, los pájaros con sus nidos destruidos, los árboles centenarios que hoy yacían muertos o moribundos sin la más mínima esperanza de rescate o supervivencia.

Fue entonces que se me acercó un lugareño, un hombre sencillo, con huellas profundas de vida en su piel. No dijo nada, solo se detuvo a mi lado a mirar en la misma dirección. Pensé que él, como yo, estaría muy apesadumbrado por esta tragedia que ambos presenciábamos.

Luego de unos minutos, decidí comentar:

—¡Qué tristeza tanta destrucción!

Y él, con una media sonrisa dibujada en sus labios, me contestó:

—¿Tristeza? No, mija, ¡bendición! ¡Esta es la forma perfecta en que la Madre Tierra se renueva! Se necesita la fuerza de un huracán para limpiar los bosques de vegetación muerta o enferma,

se necesita podar con viento y agua, y crear correntías en las quebradas para arrastrar la basura que se acumula con el tiempo, y lo más importante, se necesita luz del sol para germinar las semillas que están bajo la sombra de esa vegetación que cumplió su ciclo de vida. Esa que ves en el suelo y por la que derramas esas lágrimas es la misma que se convertirá en alimento y ayudará a que se renueve el bosque con árboles sanos y fuertes. ¡Y quién sabe qué saldrá de ahí, qué semilla olvidada por el tiempo nos dará una sorpresa, asomándose cuando el sol la despierte! ¿Y los animales? ¡Uy, esos saben más que tú y yo! ¡Tienen refugios por todos lados! ¡Y su radar es mejor que los nuestros!

Y hoy, en medio de un apagón, mientras una tormenta eléctrica con ráfagas y aguaceros torrenciales azotaba mi comunidad, observaba cómo los árboles y las palmas se despojaban de sus hojas secas y ramas partidas, y el terreno, que padecía de sed crónica por la sequía, se saturaba con la incesante lluvia que llegaba justo cuando más se necesitaba.

No pude evitar una sonrisa... una media sonrisa que asomó en mis labios, aún en medio del miedo que le tengo a los truenos y relámpagos. Y me acordé de ese lugareño... y de su sabia reflexión. Y cómo todo se conecta, cómo las experiencias de vida son sus propias analogías. Cómo el bosque, la tormenta, la lluvia, las semillas y el sol son un reflejo de nosotros mismos. Y aún en la incertidumbre y la oscuridad de una tormenta, puedo sonreír teniendo la certeza de que todo sucede para bien y que del aparente caos que me rodea, germinará la semilla de una nueva vida.
¡¡QUE LLUEVA!!

14

EL MOMENTO MÁS OSCURO

Me divorcié de Laureano en Puerto Rico. Y empezó quizás el momento más difícil de mi vida. Llegué de regreso a mi isla con lo que tenía puesto, a resolver problemas económicos, deudas que había que yo desconocía.

Todo lo que había hecho antes, todas las canciones que escribí, de eso no me quedó nada pues nunca manejé el dinero. Las negociaciones, los contratos, todo eso lo hacía Laureano. De hecho, él me decía: «Tú no puedes acudir a las reuniones, no puedes hablar con los ejecutivos, no puedes...». Yo estaba a oscuras, no sabía qué dinero cambiaba manos. Yo trabajaba, participaba en todos los ensayos y las grabaciones, escogía el material, cantaba, pero los negocios, no. Además, en ese momento estaba emocionalmente agotada. No me sentía capaz de pelear por mis derechos, mis cosas, mi dinero... sencillamente no podía hacerlo.

Regresé a Puerto Rico destruida. Afortunadamente, mi apartamento —qué ironía, el apartamento que me compré cuando me fui de casa de mis padres— estaba a mi nombre porque lo compré antes de casarme.

Pero tenía tantas deudas que lo tuve que alquilar para no perderlo. Me fui a vivir a casa de mis padres. Y en un acto de fe y amor incondicional, hipotecaron su propia casa para ayudarme.

Una noche, estaba en la sala llorando, contándole a mi papá todo mi drama y me dijo:

—Vengo ahora —y se fue a la habitación. Regresó con una libretita verde.

—Toma —me dijo.

—¿Qué es esto? —le pregunté.

—Es una cuenta de ahorros que te abrí desde que empezaste a trabajar —me dijo—. Siempre que cobraba un cheque tuyo, cuando eras niña, te iba guardando dinerito ahí, por si acaso te surgía una emergencia.

Eran veinticinco mil dólares que me había guardado de dinero que yo había trabajado. Me lo puso en las manos en el peor momento de mi vida. Mis papás jamás me echaron en cara mi situación.

—Perdóname —le dije.

Y él me dijo:

—No. Yo no te estoy pidiendo ninguna explicación. Esta es tu casa, allí está tu habitación. Aquí no ha pasado nada y vamos pa'lante.

Y me acompañó al banco a poner mis cosas en orden. La tarjeta de crédito estaba explotada, y en aquel entonces era una cantidad enorme de dinero. Después de que hipotequé la casa de mis padres, le dije a Papi:

—Yo te prometo que no te voy a sacar de aquí. Te prometo que aunque tenga que vender chicles en la calle, tu casa no la vas a perder. Les prometo que voy a seguir hacia adelante.

Y así fue. La casa estaba hipotecada por tres años y la pagué en ocho meses, a punta de conciertos, porque afortunadamente mi próximo álbum, *Tú sin mí*, fue un éxito enorme.

Fueron momentos terribles, aunque nadie sabía nada. Me preguntaban: «Pero, ¿qué pasó?», y yo decía: «Nada especial se acabó el amor».

Aun cuando había mucha especulación, sobre todo en México, nunca quise entrar a discutir ni dar explicaciones o mi versión. Muchos amigos en común me contaban las cosas que decía Laureano de mí. Pero yo nunca quise hablar de nada. Para poder superar ese dolor, me prometí seguir adelante y no hablar del asunto ni pública ni privadamente. Hasta cierto punto, eso me ayudó aunque también me perjudicó. Pensaba en regresar a vivir a México y continuar mi carrera como siempre, pero no quería entrar en una guerra mediática sobre mi vida personal. Siempre fui muy celosa con mi vida privada y ese divorcio iba a abrir una puerta que no estaba dispuesta a discutir públicamente. Le dejé el campo abierto para que manejara su versión y con el tiempo, me di cuenta que me hizo mucho daño. Sobre todo con la gente más cercana a mi carrera.

Quedarme en Puerto Rico era lo que necesitaba mi espíritu. Quería tranquilidad, curar mis heridas, necesitaba amor del bueno; a mis padres, mis amigos. Necesitaba el mar, el sol de mi tierra, necesitaba comenzar de cero. Extrañaba a México porque tenía amigos entrañables y gente que quería mucho. Pero me tuve que ir.

No me arrepiento. Cuando finalmente me divorcié, muchas cosas acapararon mi vida, mi atención y mi energía. Mi destino había tomado un giro drásticamente distinto. Decidí quedarme en Puerto Rico y dejar que las aguas llegaran a su lugar, porque francamente a mí ya no me importaba seguir esa batalla. Tal vez eso en muchos aspectos afectó mi carrera allá porque no volví a México con la frecuencia de antes.

Pero siempre he pensado que el tiempo es mi mejor aliado y la gente se da cuenta de la verdad. En aquel entonces no había tanta comunicación como ahora, no había tanto escrutinio. Se daba la información que tenías que dar y ya. Siempre fui bien reservada y nunca me gustó hablar de los momentos difíciles de mi vida. Nunca. Yo entendía que era mi responsabilidad decidir cómo quería manejarlo. Mis papás y mis hermanos eran los únicos que sabían, y uno que otro amigo muy cercano. Incluso, mis papás no sabían todo, lo que me había pasado. Pero mi papá una vez me dijo:

—No me tienes que contar nada. Yo soy tu papá, yo te leo. No me tienes que dar detalles, yo sé.

La importancia de mi familia en mi vida ha sido enorme. Si ellos no hubiesen estado a mi lado, la historia podría haber sido muy distinta. Y funciona en ambas direcciones: yo participo de la vida de mi familia y mi familia participa de la mía. No hay distancia en términos personales o afectivos. Yo agradezco siempre que mis padres hayan sido mis padres, y no padres interesados sólo en mi carrera. Es la misma filosofía que he tratado de seguir ahora con mi hija Carolina, que es una muchacha talentosísima, pero a quien yo miro primero, y siempre, como mi hija. Es la persona cuyo bienestar viene antes que todo lo demás.

Y en mis momentos oscuros, mis papás estaban allí para velar por mí como su hija. Eso fue importante, bien importante, porque estaba avergonzada; avergonzada de tener que venir a divorciarme, de llegar quebrada después de un éxito tan grande, de tener absolutamente cero y regresar, después de adulta, a vivir a casa de mis padres, de donde me había ido.

Pero todas las experiencias llevan a un aprendizaje. Y una de las grandes lecciones que me llevé de esos momentos fue aprender a no apegarme a lo material.

Me acuerdo que con muchísima ilusión, cuando yo tenía catorce o quince años, dije: «Cuando yo cumpla dieciocho años me voy a regalar un Mercedes Benz».

Siemprelo decía. Soñaba con eso. No sabía ni cuánto costaba un Mercedes, pero me hacía ilusión imaginarme manejando uno. Y efectivamente, cuando cumplí mis dieciocho años, me regalé un Mercedes Benz usado. Luego que empecé a trabajar más, me compré uno más nuevo. Era amarillo clarito y yo le puse nombre: Piolín. Yo amaba a mi Piolín.

Pero cuando regresé, tuve que buscar dinero para pagar todas las deudas y vendí el carro. Vendí a Piolín, a mi compañero. Vino el comprador a mi casa , hicimos la transacción con mi papá, me dio el dinero y el señor se montó en mi carro. Mi casa quedaba en una calle sin salida y el señor dio la vuelta, ya dueño de Piolín. Iba subiendo la cuestecita y cuando lo vi alejándose, me senté en la barandilla de la calle a llorar. Entonces salió mi madre.

Me puso la mano en el hombro —mi mamá tenía las manos preciosas— y me preguntó:

—¿Qué te pasa?

—Mamá, mi carro, mi carro —le dije llorosa. Ella se sentó en el andén conmigo y me dijo:

—Te voy a dar un consejo: jamás llores por lo que no pueda llorar por ti. Eso es un carro, y al carro no le da pena irse. Entonces, ¿por qué vas a gastar lágrimas en una cosa, en algo material? Mañana te compras otro, en otro momento vendrá, pero no te apegues de esa manera. Nada material merece tus lágrimas. Déjalo ir. —Y agregó—: Al contrario, ahora tienes dinero, vas a salir de tus problemas.

Esa fue una gran lección para mí. Nunca se me olvidaron esas palabras: «Jamás llores por lo que no pueda llorar por ti». ¿Por qué voy a llorar por un carro? Representaba mucho para mí en ese momento, pero estaba ahí para resolver un problema. Y lo resolvió.

Hace poco, un amigo me dijo: «Los bienes están para resolver los males; los haberes están para resolver los deberes», y eso es una enorme verdad.

Todo lo que me sucedió fue muy fuerte. Pero en vez de reclamo, lo que recibí fue un abrazo. No solamente de mis padres, sino de mi país. Mi país no me cuestionó nada. Yo me dediqué a trabajar y a grabar discos, y el disco que vino, *Tú sin mí*, fue un éxito que nunca antes había vivido en Puerto Rico.

Y allí empieza toda una historia completamente diferente. En ese momento sentí que comenzaba mi verdadera vida.

15

RENACER

Guillermo Santiso, el entonces presidente de Fonovisa, siempre me decía de broma que *Tú sin mí* lo hizo rico por lo mucho que vendió. Con ese disco llegué al número uno en todo.

Pero más allá del éxito, gracias a *Tú sin mí* volví a sentirme fuerte. Sentí que recuperé mi verdadera identidad. El cambio no fue inmediato, pero vino. Poco a poco empecé a cuidarme, a escucharme, a darme atención, a seguir mi instinto, a seguir mi nariz y a darme cuenta de que las decisiones que vendrían en mi camino iban a ser totalmente mías y de nadie más. Y eso me encantó.

Cuando regresé a Puerto Rico, llevaba casi cinco o seis años fuera, porque primero vivimos en Miami, después en Los Ángeles y luego casi todo el tiempo entre México y el resto de América Latina. Pero al regresar, en ese momento de dificultad, en mi momento más oscuro, logré cerrar un capítulo importante de mi vida y comencé una nueva etapa, una en la que tuve que volver a empezar. Y eso me hizo feliz.

Era una página en blanco y a mí las páginas en blanco me gustan. Es la reinvención. El empezar de cero. El reto de ahora en adelante, con lecciones aprendidas y sin el peso del pasado. Con el extracto positivo de lo que han sido las experiencias anteriores, con la sabiduría, con la luz, no con la oscuridad del ayer.

La compañía de discos con la que estaba firmada me dijo que tenía que grabar y que ellos estaban inclinados a que volviera a grabar con el mismo equipo de producción con el que grababa México.

Ese equipo era Laureano, quien había producido mis últimos discos. Pero para mí era imposible entrar a un estudio de grabación con la persona de la cual yo me estaba divorciando.

Decidí viajar a México y tuve una reunión con la gerencia de la compañía para pedirles un voto de confianza. Les pedí que me dejaran escoger el productor, el material y usar mi criterio para esa nueva grabación, orque al fin y al cabo era algo que yo siempre había hecho. Los tuve que convencer de que sabía lo que estaba haciendo.

Hubo gente que me dijo que no lo iba a lograr, pero creo que eso lo hizo aún más llamativo para mí, porque se convirtió en un reto mayor. En un comienzo, la disquera se resistió un poco, pero fui tan vehemente con mi planteamiento que los convencí. Siempre supe que lo podía hacer, siempre he confiado en mi capacidad musical, siempre. Hablamos de las alternativas disponibles y yo les expuse el plan que ya llevaba semanas preparando. Lo que les presenté les dio confianza porque terminaron por darme luz verde.

Para entonces ya había hecho mi investigación y entre todo lo que había escuchado, había un material que le hizo Rudy Pérez a José Feliciano, y que me había gustado mucho. En ese momento, Rudy estaba trabajando con José en Los Ángeles, y logré comunicarme con él. En cuanto pudimos concretar una cita, me monté en un avión y volé a Los Ángeles.

Desde el primer encuentro puedo decir que fue como si nos hubiésemos conocido de toda la vida; hubo gran empatía. Le expliqué lo que quería musicalmente e inmediatamente comenzamos a buscar material. Él me presento varias canciones y me quedé en Los Ángeles unos días para echar a andar el proyecto. De hecho, José me invitó a la grabación y yo accedí. Hasta le hice coros, porque necesitaban una primera voz. Tenían coristas americanas pero se les sentía mucho el acento y yo hice la primera voz para disimularlo un poco. Yo, que cantaba desde que nací, nunca había hecho coros en mi vida. Fue muy divertido.

Todo eso me dio la oportunidad de conocer a Rudy y verlo trabajar en el estudio. Era muy bueno y tenía buena química con el artista. Luego regresé a Puerto Rico mientras Rudy terminaba el trabajo con José Feliciano, y finalmente me llegó el turno de ir a Miami a grabar. Y, como siempre, de alguna manera mi familia estuvo a mi lado. Mi hermano Alberto, que veía por todo lo que estaba pasando, se montó en un avión y me acompañó un par de días de grabación. Ese apoyo no hay con qué agradecerlo.

Y es que tengo una excelente relación con mis hermanos, pero con Alberto siempre fuimos particularmente cercanos y se convirtió eventualmente en uno de mis colaboradores. Alberto era director creativo de una agencia de publicidad y siempre fue muy artístico y muy creativo, aparte de que es un hombre muy culto y muy viajado. Cantaba, actuaba, escribía; es artista, aunque no profesional.

Y en este caso, estaba a mi lado. Era un momento importante, porque por primera vez, a la hora de escoger mis canciones, yo estaba utilizando exclusivamente mi criterio. Pensaba: «esto tiene que funcionar, sí o sí». Era un riesgo ver las cosas de esa manera, pero aprendí una forma muy distinta de ver la producción musical y la labor de

hacer un disco. Empecé a darme cuenta de que la opinión más importante era la mía, porque a la hora de la verdad, quien sale al ruedo soy
yo. Si yo no lo creo, si no creo en mis canciones, si no las siento, y no
las entiendo, entonces jamás las podré cantar.

Y fue en ese momento preciso de mi vida que me llegó la canción «Tú sin mí» que describía exactamente lo que me estaba pasando.
Pero no solo a mí, también a mucha gente que pasaba por lo mismo
que yo.

Acuérdate
del amor que has despreciado,
de los sueños que has borrado,
de las cosas que eran todas para ti.

Vivencia común por la que pasan muchas mujeres —y los hombres, porque el amor no discrimina— se enamoran y se separan, se
encuentran y se desencuentran. Hay bronca, dolor, reclamos, pero
luego viene la paz. La canción me la escribió José María Purón, un
compositor español que le había escrito a José Luis Rodríguez, el
Puma. Nos habíamos conocido y mantenido en contacto, y cuando
empezamos a preparar el proyecto le comenté lo que estaba buscando.
Al poco tiempo él me mandó ese tema. «Tú sin mí».

Tengo buena relación con mis compositores, y hablamos mucho pues siempre sé lo que quiero. El posicionamiento filosófico que
busco en la música, por ejemplo, es de iguales, de compañeros, de
pares, no de subalternos. Pareja con todas las de la ley. Nadie es superior a nadie. Y se habla claro, directo, sin rodeos. Y la verdad es que
aunque yo escribo, prefiero que otros escriban para mí. Tengo muchísimas letras escritas que no he publicado ni utilizado en canciones.

Creo que debe ser mi deseo de mantener mi vida privada, y en mis propias canciones siento que abro demasiado mi propio ser.

Por muchos años pensé que mi vida personal no era relevante para nadie, y que yo estoy aquí para cantar canciones que afecten e inspiren la vida de otros, no necesariamente la mía. Y si solo canto sobre lo que sucede en mi propia vida, se me acabarán los temas. Me gusta observar, imaginarme, vivir, sentir. A lo largo de toda mi vida musical he sabido rodearme de gente talentosa, de buscar buenas canciones, de poder contar historias sin que ellas sean directamente cien por ciento relacionadas a mi propia vida. Esa es la posición con la que mejor me siento.

Pero esta vez fue distinto. Busqué compositores nuevos, compositores con los que nunca había trabajado antes. Rudy me ayudó muchísimo y también me escribió temas muy buenos. Uno de ellos fue «El dolor de tu presencia», otro exitazo que ha sido regrabado por otros artistas.

Pero el primer sencillo fue «Tú sin mí», una de esas canciones mágicas que aparecen en el momento y el lugar preciso.

La canción era una balada suave y muy dulce, pero yo la sentía de otra manera. Le dije a Rudy que quería que fuera un rock rabioso, con acordes fuertes, un *power rock*. La letra me pedía algo distinto a lo que estaba escrito en el papel, y se la canté a Rudy de la manera en que yo la escuchaba. Rudy estuvo de acuerdo y fue tal vez una de las primeras decisiones de producción importantes que tomé. Me alegro de haberlo hecho porque acerté. ¡Acertamos!

En el momento en que la grabé, sentí algo especial. Presentía que sería un éxito. A mí misma se me erizaba la piel en el estudio. Yo estaba viviendo esa situación, y la conexión emocional con la canción era muy fuerte.

La experiencia de grabar «Tú sin mí» fue determinante para convencerme absolutamente, sin lugar a dudas, de que sentir la canción es indispensable para grabarla. Más allá de que fuera una vivencia personal, la diferencia que hay en la interpretación es enorme. Esto no quiere decir que yo he vivido personalmente todo lo que canto. Tendría que haber vivido quince vidas para poder experimentar todas mis canciones, pero al mismo tiempo son situaciones que entiendo y con las cuales me conecto. En esos tres minutos, la estoy viviendo. No puedo cantar por cantar. No. Tengo que sentir. Y he aprendido a ponerme en el lugar de la historia, de interiozar la canción hasta el punto de hacerla mía y vivirla. Por eso a la hora de grabar me aprendo la letra de memoria. Tiene que salir del corazón, no de un papel. A veces hasta lloro cuando son canciones que me conmueven, y la emoción me domina.

Al principio los convencidos éramos Rudy y yo. Pero cuando terminamos el disco viajé a Los Ángeles a presentarlo a la compañía, y la reacción fue la misma. Les fascinó el álbum, pero todos estuvimos de acuerdo con que el primer sencillo sería «Tú sin mí».

Apenas salió el tema a la radio , se convirtió en un fenómeno. En menos que nada, la canción se volvió un himno y yo no podía creer lo rápido que escaló en las listas. Fue un momento supremamente emocional para mí. Recuerdo que lloraba de alegría al ver el éxito. Comenzado de la nada, había llegado a Puerto Rico después de mucho tiempo, sin un peso, sin esposo, sin nada. Estaba casi quebrada.

Y en lo que el diablo se arranca una pestaña, en cuestión de días, empezaron a llover las ofertas para trabajar en todos lados. De un día para otro pasé de desolada a sentirme abrazada. Me dio la sensación de que todo el consuelo que necesitaba me lo estaba dando el público. Me lo dio la gente que abarrotaba los lugares donde me presentaba.

La canción estaba número uno en ventas, número uno en radio. Fue impresionante. De hecho, hasta la misma compañía de discos me decía que nunca habían visto algo igual.

Mirando hacia atrás, creo que fue una combinación de factores: la canción era espectacular, pero también creo que la gente se conectó conmigo, con lo que me estaba pasando. Sintieron mi dolor y lo compartieron. Creyeron en mí.

16

VOLVER A EMPEZAR

Tú sin mí me abrió un nuevo horizonte y se hizo evidente la necesidad de tener a alguien que me representara. El trabajo del artista puede parecer glamoroso, pero hay muchísimos detalles de una carrera que necesita gente capacitada para llevarla por buen camino. Envuelve muchas obligaciones y negociaciones. Se volvió sumamente incómodo y difícil para mí atender el aspecto administrativo de mi carrera, especialmente porque nunca lo había manejado, y mucho menos a esta escala.

Toda mi carrera, incluso de pequeña, había tenido a alguien que manejaba el aspecto administrativo —desde Hal Kay hasta Paquito Cordero—, pero en realidad nunca había tenido un mánager, o manejador, como Dios manda. Un mánager es alguien que ayuda a dirigir una carrera a corto y largo plazo, que busca oportunidades para el artista, que sirve de guía, que administra la carrera tanto económica como artísticamente. Es una persona que desarrolla una visión, que

protege y defiende los intereses de su representado. No es sencillamente un productor o un contador o un agente de conciertos. Ahora,
estaba en una coyuntura crucial de mi carrera, y este era el momento
de encontrar un buen mánager.

No era que estuviese a la deriva. Mi papá me estaba ayudando y
yo tenía un abogado que revisaba los contratos, pero yo quería más.
Yo quería un estratega, tener a alguien que pudiera desarrollar mi
carrera. Ya había viajado el mundo entero y toda América Latina y
quería continuar creciendo en esta nueva etapa de mi vida. Necesitaba, quería, un buen mánager con el que pudiera evolucionar. El
buen manejador es como un gran jugador de ajedrez que mueve piezas
ahora pero siempre está pensando diez pasos hacia adelante. Para mí
era una gran frustración tener toda esta música dentro de mí y no
tener a alguien en quien confiar para caminar en la dirección correcta
y llevar mi carrera a otra dimensión.

Pero definitivamente, cuando se cierra una puerta se abre otra. El
tener que empezar de nuevo me obligó a buscar ese eje en mi carrera.
Me reuní con varias personas que había conocido antes y que eran de
mi confianza. Pero cuando me reuní con Ángelo Medina supe que
era la persona adecuada.

En ese momento, Ángelo ya era un empresario y manejador muy
conocido dentro y fuera de Puerto Rico, y por supuesto, yo sabía quién
era. No éramos amigos, pero lo había conocido brevemente en México. Él fue a verme cantar a un espectáculo que presentaba justo
durante el lanzamiento de *A que no le cuentas*. En ese momento, él
trabajaba con Emmanuel y había representado a José José en un momento importante de su carrera. Además de conocido, Ángelo era
muy respetado en la industria del entretenimiento.

Ángelo se enteró de que yo estaba buscando un mánager y se co-
municó conmigo. Nos sentamos a hablar y en cuestión de un día

llegamos a un acuerdo. Fue el comienzo de una asociación que duraría casi veintiséis años.

Lo que más me gustó de él fue su visión. Ángelo pensaba a corto, mediano y largo plazo, y más allá de ejecutar acciones pequeñas, tenía una visión amplia y de gran escala y eso me encantó. De entrada, me planteó reconquistar Puerto Rico, un mercado que yo había abandonado por mucho tiempo, no por mi deseo, sino por las cicunstancias. Hablamos de la transición a una nueva compañía de discos, que consideraba muy importante para mí, pues el álbum *Tú sin mí*, a pesar de su inmenso éxito, iba a ser mi último disco con Melody. La compañía iba a cerrar en México y Guillermo Santiso, su presidente, se enfocaría en Estados Unidos con los artistas del género grupero y regional mexicano. Desde el punto de vista de Ángelo, necesitaba arriesgarme y opinaba que debía firmar con una multinacional que realmente pudiera llevar mi carrera a otros territorios con contundencia.

Fue Ángelo quien organizó una cena para que nos conociéramos José Behar, el entonces presidente de EMI Latin, y yo. Behar me encantó. Me pareció divertidísimo, un hombre con un sentido del humor extraordinario y muy seductor. Siempre he sido un poco incrédula de esas cosas, pero indudablemente hicimos clic. Firmamos. Y el resto es historia, pues grabé cinco discos de estudio con EMI Latin. Algo que me gustó de José Behar y que fue determinante para estar tanto tiempo ahí. era su accesibilidad. José era un ejecutivo de puertas abiertas. Yo tenía acceso directo al presidente de la compañía y siempre fue quien me contestaba todas mis preguntas.

Moverme a EMI Latin no fue tan fácil. Todavía estaba bajo contrato con Melody y fue necesario pedir una carta de liberación; En muchos casos, es un proceso supremamente complicado, pues obviamente a las disqueras no les gusta que sus artistas se vayan a otro lado, especialmente si el contrato está vigente. Pero en este caso, EMI pagó lo que quedaba de mi contrato para que Melody me «liberara». En ese momento, EMI Latin era una compañía nueva, pero tenían un amplio presupuesto. Los planes eran excelentes y tenían una estructura que podía resultar beneficiosa para mí, especialmente por ser una compañía multinacional, justo lo que estábamos buscando.

Sentí la diferencia de inmediato. Era otra dinámica y otros presupuestos, también. No es lo mismo trabajar con una compañía independiente que con una multinacional que quiere poner todos los cañones detrás de ti. Como artista, se te abre el cielo. De pronto, la posibilidad de trabajar con los mejores arreglistas y productores se volvió realidad, y tanto Ángelo como yo estábamos muy entusiasmados con el respaldo que nos estaban dando y con la posibilidad de hacer un disco grande, importante, que nos permitiera experimentar musicalmente e incorporar sonidos nuevos. Fue un proceso apasionante.

Para mi primer disco, Ángelo me conectó con el productor KC Porter. En ese momento, KC era muy conocido tanto en el mercado americano como en el latino. Ángelo lo conocía por su trabajo con Emmanuel, y yo por su trabajo con Luis Ángel, quien era mi amigo, y más tarde, se convertiría en mi segundo esposo.

Trabajar con KC fue un gran comienzo para mí en todos lo sentidos. Grabamos en Los Ángeles, y mi fórmula para grabar con él fue no tener prisa. Me iba para Los Ángeles, un mes, dos meses y era un proceso muy llevadero, muy musical. Su trato en el estudio era genial en todos los sentidos. De hecho, llegamos a grabar cuatro discos juntos: *Lo que son las cosas*, *Metamorfosis*, *Pasiones* —un disco especialmente exitoso para mí—, y *Espíritu libre*.

El estilo de KC compaginaba muy bien con mi estilo. Para mí, es muy importante estar presente durante el proceso de producción, de comienzo a fin. Procesar y vivir la música desde el primer acorde es toda una experiencia, algo maravilloso que disfruto enormemente. Ha sido así desde siempre, incluso desde mis primeros discos para Borinquen. Desde que empecé a grabar me enamoré de todos los aspectos de la producción, y a través de los años he aprendido a buscar, explorar, y definir lo que me funciona, lo que me hace más sentido. Además, soy tan feliz al estar envuelta en cada paso.Es la producción, pero para mí, es lo que quedará para siempre de mi corazón. Mi música.

Todo comienza con la selección de las canciones; es un proceso muy íntimo, personal. Me llega música de muchas partes. De amigos y amigas compositores, de editoriales, compañeros, de gente que me encuentro por todos lados. Escojo todas mis canciones, las aprendo, las internalizo, de manera que cuando me paro ante el micrófono, ya la canción es parte de mí. En el estudio no leo ni letras ni partituras. Por supuesto, hay un atril con la letra para referencia y comunicación con el productor. Pero ya la canción está en mí. Me gusta cerrar los ojos y viajar con ella a los confines de mi alma. La vivo, la siento, y el micrófono se encargará de capturar ese viaje. Al otro lado del cristal, estará mi cómplice, mi guía, mi amigo: ese productor que vibrará conmigo y tomará lo mejor de mí.

Me envuelvo emocionalmente con cada una de las historias que canto. Es divertido y a veces agotador. Pero siempre gratificante. Hay días en que domino la canción; otras veces, la canción me domina a mí. Por eso es tan importante estar con un productor en quien confías plenamente. Hay decisiones que tomar, y es vital tener una persona objetiva que sepa y pueda dirigir la emoción. Y para eso hay que confiar. En el estudio no hay ego ni temor. Debe reinar la confianza absoluta y el respeto mutuo. Y en ese sentido, he tenido la suerte de contar con productores maravillosos que han sabido capturar lo mejor de mí.

A veces recibo una canción y le cambio palabras o frases. Claro, lo consulto con el compositor, porque es muy importante para mí que la letra y el fraseo estén al servicio de la emoción. Y decir la historia claramente es esencial para mí. He grabado algunas canciones que están escritas para un hombre y las cambio para interpretarlas desde el punto de vista femenino sin ninguna dificultad. Para mí lo importante es que la historia comunique vivencias cotidianas y eso aplica tanto a mujeres como a hombres. Y como creo fielmente en hablar claro, esas canciones fuertes, directas, llaman mucho la atención. No son agresivas. No agreden a nadie. Son asertivas. Eso sí.

El ambiente del estudio es muy bonito y hay mucha camaradería. Me gusta compartir con los que van a participar en el disco y contarle a los músicos qué es lo que están grabando, de qué se trata la canción. Es lo que prefiero, aunque no es común. Pero me gusta, por ejemplo, que cuando un guitarrista o un pianista van a interpretar un solo, puedan entender el trasfondo de la canción para impartirle la emoción necesaria. Para mí es importante y, además, me encanta el trabajo de ir pintando cada elemento, poco a poco, pincelada por pincelada. ¡Se me van las horas!

Todo ese trabajo lo hice con KC desde el comienzo, cuando grabé «Lo que son las cosas», nuestro primer sencillo juntos. La canción era de la autoría de Luis Ángel Márquez, quien se convertía en mi segundo esposo y el padre de mi única hija.

17

EL SEGUNDO

Luis Ángel era un cantante y compositor muy famoso cuando yo lo conocí en México. En ese momento yo estaba casada con Laureano, y él estaba también casado pero manteníamos todos una gran relación, cementada por la admiración profesional y compañerismo. Con Luis Ángel siempre me llevé bien. Nos reíamos muchísimo. Cuando me fui de México, perdimos contacto y no volví a saber de él hasta un tiempo después, cuando yo estaba en Los Ángeles y él, que vivía allá, me contactó por teléfono.

Me contó que se había separado de su esposa, y yo le dije que yo también me había separado de Laureano, cosa que él ya sabía porque lo había leído en la prensa.

En aquella ocasión no nos alcanzamos a ver, pues yo tenía que regresar a Puerto Rico a dar lo que sería mi primer concierto en Bellas Artes. Lo estaba organizando Angie García, una empresaria que en ese entonces representaba al magnífico cantante Danny Rivera. Yo aún no había firmado con Ángelo, pero mi disco era un éxito y me estaban llamando los promotores locales. Angie me propuso hacer un concierto al que llamamos «Más que nunca hoy», por uno de los temas del disco *Tú sin mí*.

Cuando hablé ese día con Luis Ángel, le dije, en broma:

—Voy a tener concierto, tienes que venir a verme.

Y para mi sorpresa, respondió:

—Sí, te voy a ir a ver.

Estaba segura que no iba a viajar desde Los Ángeles a verme cantar, así es que no pensé más en el asunto. Pero la noche del concierto estaba en el camerino maquillándome y preparándome para salir a escena cuando me tocaron la puerta. Era Angie García.

—Te tengo una sorpresa —me dijo. Y cuando se hizo a un lado, era Luis Ángel. Cuando lo ví, Luis Ángel, mi amigo de tantos años, sentí que el corazón se me quería salir del pecho de la alegría. Me di cuenta de que mi reacción a su presencia era totalmente distinta a todo lo que había sentido antes por él. Por alguna razón que desconozco, lo vi con otros ojos. Le di un abrazo, y cuando lo presenté a Maricarmen, mi amiga de colegio que ahora era mi asistente, le dije:

—Maricarmen, este es el próximo señor Nazario.

¡Fue en broma, pero me salió así!

Todos estallamos de la risa, especialmente Luis Ángel. Después del show nos fuimos a cenar los dos solitos a un restaurante italiano. No me lo esperaba, pero quedó claro que él sentía algo distinto por mí, y yo por él. Esa misma noche me llevó a mi apartamento y nos besamos por primera vez.

Fue un romance rápido, nos casamos más o menos al año de volvernos a ver. No hubo necesidad de más en ese momento. Fue un romance de esos donde todo se sentía bien, cómodo, correcto. Tan correcto que con Luis Ángel tuve a mi única hija, Carolina, y la relación entre los tres, a pesar de lo que vino más adelante, ha sido algo excepcional y hermoso.

Hasta que volví a reconectar con Luis Ángel, yo pensaba que no quería tener hijos, y mi mamá me decía que era porque aún no había encontrado al padre que me inspirara a tenerlos. Y tenía razón.

Muy rápidamente me di cuenta de que Luis Ángel era esa persona, y empezamos a hablar del tema bastante temprano en la relación. Después de todo, ya nos conocíamos y éramos amigos desde hacía años. Luis Ángel es hijo único, y una vez, estando los dos sentados en la playa, surgió la conversación de los niños. Y de una manera completamente natural, ambos estuvimos de acuerdo en que estábamos listos para buscar el nuestro.

Justo antes de que pudiéramos trazarnos un plan, se enfermó mi madre. Hacía un tiempo que su salud estaba deteriorándose poco a poco. Se puso muy, muy mal y los médicos no sabían qué era lo que tenía. En esa época yo estaba trabajando mucho y viajaba con frecuencia a México. Pero la situación se fue poniendo tan grave que llegó un momento en el que decidí no viajar más para no alejarme de mi madre.

Mi mamá, que era una mujer tan vital, de tanta energía, empezó a sentirse cada vez más débil y a perder peso. Le hicieron una batería enorme de exámenes pero ninguno lograba descifrar lo que tenía. Fue una angustia espantosa para nosotros, porque realmente el que había sido enfermizo toda la vida era mi papá. Mi mamá, en cambio, fue una mujer muy sana. Y en cuestión de un año pasó de estar en perfecta salud a estar postrada en la cama todo el tiempo.

Yo conocía a un cardiólogo prominente de Puerto Rico, el doctor Raúl García Rinaldi, y cuando lo llamé para pedirle consejo, me dijo que llevara a mi mamá a un hospital en Houston, donde él estaba trabajando. La llevamos y le hicieron otra batería de exámenes pero esta vez resultó que tenía una enfermedad autoinmune muy rara y muy difícil de diagnosticar en la que el hígado no puede metabolizar unas proteínas que el cuerpo crea, y esas proteínas se van alojando en los tejidos conectivos de los órganos vitales y los atrofia. Era amiloidosis primaria. Es una enfermedad de la que se sabía muy poco. Y era mortal.

Mi mamá se estaba consumiendo ante nuestros ojos, y no podíamos hacer nada. Fue algo terrible de presenciar y de sufrir. Mi pobre papi, que amaba a mi mami perdidamente, estaba desesperado. Mi mamá era el amor de su vida, su compañera, su amiga, su novia eterna, se estaba muriendo frente a él y no podía hacer nada por ayudarla. Fue una etapa muy dolorosa para mí y mis hermanos. En realidad, toda la familia estaba aturdida. La impotencia nos abrumaba, aunque intentábamos mantener a Mami contenta, sin demostrarle lo asustados y tristes que estábamos todos. Ella también hacía un esfuerzo por mantenernos tranquilos. Nos decía que creía en los milagros pero que estaba preparada para lo que Dios quisiera para ella. Me pedía constantemente que cuidara a mi papá, que no lo dejara solo. Que aunque no estuviese físicamente, nunca nos iba a abandonar. Yo sentía que se me iba la vida con ella.

Y durante todo este proceso tan duro transcurrió mi noviazgo con Luis Ángel. El apoyo que me dio, el amor que me hizo sentir, no hay palabras para describirlo. No cambió el desenlace, pero su presencia me ayudó enormemente a sobrellevar algo que era realmente insoportable. Nada se compara a ese dolor. Nada.

Algo que me queda de consuelo es que mi mamá alcanzó a conocer a Luis Ángel y ambos quedaron prendados el uno del otro. «Ese muchacho tiene ojos de gente noble», me decía mi mamá. Para ese entonces ya estaba muy grave, y sus palabras fueron un gran alivio para mí porque había cierta resistencia por parte de mi familia a Luis

Ángel. Para ellos era como una repetición de lo anterior: yo volvía a estar con una persona que se dedicaba a lo mismo que yo, que era compositor y cantante y, además, era argentino. Y mis papás estaban muy nerviosos. No porque tuvieran algo en contra de los cantantes argentinos, sino que de pronto tuvieron temor, como dice la canción, de que su hija adorada volviera a «tropezar con la misma piedra».

Yo les juré a ellos que no era lo mismo, que yo conocía bien a Luis Ángel hacía más de ocho años, que era una gran persona. Afortunadamente lo pudieron comprobar porque al poco tiempo Luis Ángel se los ganó y hasta el día de hoy mi familia lo quiere mucho. Se volvió a casar y tiene dos hijos preciosos que adora. Yo siempre lo tendré en mi corazón pues fue una de las mejores cosas que me pasó en la vida.

Luis Ángel me acompañó a Houston cuando nos dieron el diagnóstico de mi mamá y poco a poco me empezó a preparar para la idea de su partida. Hasta entonces yo había estado en negación. Yo decía que mi mamá se iba a curar, que yo también creía en los milagros y que todo iba a salir bien. Pero Luis Ángel me sentó con el doctor y mi hermano en Houston para que me explicara bien lo que estaba sucediendo.

Y así, el doctor me explicó la enfermedad de mamá. Me contó que ella no iba a tener una muerte dramática, que iba a morir tranquila, que se iba a apagar como un pajarito y que no sería doloroso. Me dijo que iba a tener un fallo eléctrico en el corazón y ahí se iba a ir. Le hice la pregunta más difícil de mi vida: ¿cuánto tiempo más la tendremos? ¿Cuánto tiempo? Menos de un mes.

Para mí fue extremadamente doloroso escuchar estas palabras, pero me hizo bien saber la verdad de lo que iba a suceder de la boca del doctor Rinaldi. También me ayudó mucho tener a Luis Ángel a mi lado porque él supo enfocarse en cuidar de mí mientras mis hermanos y yo cuidábamos a mi mamá.

Regresamos a Puerto Rico y Mami tuvo lo que parecía ser una pequeña mejoría. Llevaba días postrada en la cama, comiendo muy poco, cuando de repente un día dijo que tenía muchas ganas de comer espagueti con albóndigas.

—Yo se los preparo —dijo Luis Ángel de inmediato. Ambos nos alegramos mucho de verla con ánimo, pero nos preocupó si eso era adecuado en ese momento. Decidimos llamar al doctor y nos dijo que le diéramos de comer lo que ella quisiera. Esa fue la última vez que comió, porque un par de días después su salud se deterioró aún más y tuvo un episodio de sangramiento en casa. La llevamos al hospital, y un día y medio después, falleció. Tenía apenas sesenta y uno años.

Hasta el final, mi mamá nunca dejó de pensar en los demás. Sabía que se estaba muriendo y no quería que mi papá lo presenciara.

—Vete con tu papá a la sala de emergencias y no lo abandones —me dijo. Aunque no me quería despegar de ella, no me pude negar a su petición. Mi hermano Alberto la acompañó a la unidad de cuidado intensivo para el momento de su transición. La imagen imborrable que tengo de mi mamá en ese momento, saliendo de su habitación, escoltada por enfermeras en una camilla, es ella dando las gracias a todo el mundo, diciéndole a los doctores y a las enfermeras: «Gracias a todos, Dios los bendiga». Parecía un ángel. En su camino hacia la muerte, daba las gracias a los que estaban ahí, con una paz y una serenidad impresionante. Recuerdo que hasta las enfermeras lloraban. Toda la familia estábamos con ella cuando se la llevaron. Yo bajé a la sala de emergencias con mi papá, como ella lo había pedido. Murió media hora después. Cuando llegué a verla, estaba con los ojos cerrados y una leve sonrisa en los labios, y mi hermano me dijo:

—Así murió. Tranquila. Ya no sufre, ya no sufre.

La miraba pero no me parecía que se había ido. Se veía dormida, en esos sueños plácidos que te dibujan paz en el rostro. Ella siempre me decía que se sentía orgullosa de mí, de mis logros. Iba a casi todos mis shows y yo, cada vez que podía, la llevaba conmigo a viajar: a México, a Mónaco, a España, a Italia, a Panamá, a Costa Rica... A veces Papi venía también, pero con la que más viajé fue con ella.

Antes de morir me dio una cadenita con una mariposa, y me recomendó que no me la quitara. Era su regalo de despedida.

—Ponte esto, no te lo quites y no me abandones a tu papá —me dijo—. Cuida a tus hermanos y quédate con Papi, quédate con Papi.

Han pasado casi treinta años desde la muerte de mi mamá, y aún me acompaña, y de las maneras más increíbles. En marzo de 2016, por ejemplo, regresé a Ponce a cantar el himno de la ciudad durante el partido que daba comienzo al torneo de la liga nacional de baloncesto. Estaba con Ángelo, porque él había sido apoderado de los Cangrejeros de Santurce y le dedicaban la temporada por sus años y aporte al deporte. Estábamos sentados en la primera fila, mirando el partido juntos, cuando vi caminar hacia nosotros a una señora mayor. No le di mucha importancia, hasta que se sentó justo al lado mío —el asiento estaba vacío— y me dijo:

—Me da tanto gusto saludarla. Apenas supe que usted iba a cantar hoy, quise venir al juego.

—Ah, qué bien —le dije yo, muy educadamente, sin saber qué pensar.

—Usted no me conoce —me dijo la señora—, pero yo conocí a su mamá. —Apenas dijo eso, capturó toda mi atención—. Yo trabajaba en la joyería donde su mamá compraba sus prendas —me dijo a continuación—. Y como su madre no tenía mucho dinero, yo siempre le daba un buen precio. Y a menudo, ella venía, me dejaba una prenda como parte del pago, me pagaba la diferencia y se llevaba otra que le gustara. Nos hicimos amigas, y cuando se fue de Ponce, me dejó una de sus prendas. Después supe que había fallecido, y la guardé de recuerdo. Y aquí se la traigo.

Entonces esta señora —una señora a quien yo no conocía— sacó de su bolso una cajita de joyería, y adentro había un anillo de diamante, muy sencillo, muy delicado y muy lindo. Lo saqué de su estuche, me lo puse y me quedó como si fuera mío. Desde ese día lo llevo puesto siempre. Fue el regalo más inesperado, hermoso y, realmente, más increíble que he recibido en mi vida.

Nunca he dudado de que mi madre está conmigo, y en ese momento sentí que ese gesto fue una prueba tangible de que siempre la tengo cerca.

Reflexiones a la medianoche

Por sólo un segundo me sentí perdida
La tristeza casi se apodera de mí
Día de las Madres y no estás conmigo
Te añoro, mamita, y no estás aquí

Pero la vida es justa, perfecta y sensible
Y entre mis lágrimas lo descubrí
Que tengo el tesoro más grande conmigo
A mi hija adorada que está junto a mí

Ya no más tristeza, ni llanto ni duelo
Ya no hay soledades que sobrellevar
Fui hija y soy madre, y en nuestro camino
¡Seguiremos juntas por la eternidad!

Gracias, hija mía, gracias por llegarme
Por mirar tus ojos, verte sonreír
Por hacerme madre, mujer, poderosa
Por tener la dicha de adorarte así

Día de las madres, día de recuerdos
De infancia y pasado que no volverá
Pero estamos juntas y todo es perfecto
¡Porque soy tu madre y hay que celebrar!

Gracias, Dios divino, por tantas bondades
Por recompensarnos con estar aquí
Por mi Carolina que tanto he amado
Día de las Madres, ¡hay que sonreír!

18

SALVAR A MI PADRE

Varios meses después de la muerte de mi madre, Luis Ángel le escribió una canción titulada «Lo mejor de ti», una de las canciones más bellas que he grabado en mi vida. La incluí en mi siguiente disco y siempre que la canto se la dedico a ella.

Tres días después de la muerte de mi mamá concebí a Carolina. Y sé la fecha con exactitud porque yo estaba destruida y fue la única vez que tuve relaciones con Luis Ángel en esos días.

Cuando me enteré que estaba embarazada, me sentí en el cielo. Carolina fue una niña deseada, buscada, pero no sabía cuándo llegaría.

Me enteré estando en México, donde había ido a trabajar. Me empecé a sentir rara y fui al médico a chequearme. Me sentía mal, pero no pensé que estuviera embarazada. A veces, cuando tenía mucho estrés, me sentía indispuesta, además de que en México me afectaba la altura. Llamé a Luis Ángel y le dije que iba al médico porque me sentía mal. Le prometí que lo llamaría tan pronto saliera.

Fui al consultorio con una amiga mexicana y recuerdo que el doctor se llamaba Lino Amor.

Me dijo:

—Bueno, ¿qué nombre le vas a poner a tu malestar?

—¿Qué? —le dije yo sorprendida.

—Estás embarazada —me contestó.

Me eché a llorar de la felicidad. Ya tenía once semanas y el doctor me trajo una fotito del sonograma. Y en medio de esa alegría pensé: «Dios mío, el disco acaba de salir, apenas comienzo a trabajar». Pero ese embarazo era algo que habíamos soñado. Sentí una avalancha de emociones. Qué felicidad tan grande. No solo sería una buena noticia para Luis Ángel y para mí, sino para toda la familia. Acabábamos de perder a mi mamá, y sabía que un embarazo mío iba a traerle felicidad a Papi y lo ayudaría a salir de su profunda tristeza. Pensé en todas las bendiciones, todo lo bueno que traería esta buena nueva y así fue.

Allí, desde el consultorio del médico, llamé a Luis Ángel para contarle.

—Mira, te tengo una noticia —le dije—. ¡Vas a ser papá!

Hubo un silencio muy largo y de pronto escuché como un suspiro, y era Luis Ángel llorando.

—No te puedo ver la cara —le dije—. ¿Estás llorando de felicidad o de tristeza?

—Te amo, te amo, te amo —me empezó a decir, y nos echamos a llorar los dos de la emoción.

Yo tenía que parar en Los Ángeles antes de seguir a Puerto Rico, y cuando me bajé del avión y me fui caminando hacia la salida, vi a Luis Ángel esperándome a lo lejos. Había volado de San Juan a Los Ángeles para recibirme en el aeropuerto.

A partir de ese momento, abrí el espacio en mi agenda de viajes y presentaciones y tuve un año casi completamente dedicado a cuidar y disfrutar de mi embarazo.

La situación no estaba tan fácil. Inmediatamente después de la muerte de mi mamá, mi papá cayó enfermo. Al perder a su amor, la depresión de la que siempre padeció le regresó con creces. Se enfermó, literalmente, de tristeza. Tuvimos que hospitalizarlo y estaba muy grave.

Mis hermanos y yo estábamos desesperados. No podíamos aceptar que los dos se fueran a morir juntos. La sola idea de que yo fuera a perder a mi papá en esos momentos no la podía concebir.

Apenas supe que estaba embarazada, lo segundo que hice, después de contarle a Luis Ángel, fue llegar a Puerto Rico directo al hospital a ver a mi papá.

—Clínicamente, él no tiene nada mortal —me dijo el doctor—. Lo que pasa es que él se quiere morir. Y como se quiere morir, se puede morir.

A partir de ese momento, mis hermanos y yo empezamos a hablarle fuerte, a decirle que se tenía que levantar, y yo, sobre todo, que era la luz de sus ojos, le decía: «Papi te tienes que levantar. No me puedes dejar sola».

Y a todas estas, no me atrevía a decirle que estaba embarazada. No estaba casada todavía, y aunque ya era una adulta y estaba feliz, me aterraba darle esa noticia. Sentía que le iba a romper el corazón, más roto de lo que ya lo tenía.

Papi eventualmente salió del hospital, pero todavía estaba convaleciendo. No estaba del todo ahí. Entonces pensé: «Bueno, en algún momento cercano se me va a notar el embarazo, no tengo otra alternativa. Me voy a lanzar y se lo voy a decir».

Y el Día del Padre, que fui por supuesto a pasarlo con él, llegué y lo encontré sentado en el piso en la casa. Me senté a su lado, y comenzó a contarme lo triste que estaba, que ya para qué iba a vivir porque su vida era mi mamá.

—Pues mira —le dije—, tú tienes que curarte y tienes que salir de esto porque yo te necesito ahora más que nunca. Yo no tengo hermanas, no tengo a mi mamá y yo necesito que tú me ayudes.

—Ya tú estás bien —me dijo con su aire melancólico.

—No, no me entiendes —le dije—. Tú, tú vas a ser abuelo y yo necesito que me enseñes a ser madre. Necesito que te quedes aquí conmigo.

Jamás olvidaré la cara que puso. Pensé que se desmayaba. Se me tiró encima, me abrazó, comenzamos a llorar los dos y le dije de nuevo:

—Yo necesito que tú seas mi mamá.

Y desde ese día empezó a mejorar, poco a poco hasta que sólo vivía pendiente de mi embarazo, de que yo comiera bien, que descansara. Se quería envoler en todo y comenzó a hacer planes de todo lo que se necesitaría para la llegada del bebé.

Cuando ya tenía cinco meses de embarazo, supimos que iba a tener una niña, y él se puso muy feliz, porque sabía que eso era lo que yo quería. Ya para ese momento yo había dejado de trabajar para dedicarme a disfrutar de mi embarazo. Fue una etapa preciosa. No me enfermé más, nunca supe lo que eran los mareos, ni la mala barriga, nada. Ya cuando me casé, todos especulaban con que estaba embarazada, y lo anuncié: «¡Aquí llegamos las dos para casarnos!», dije en la ceremonia.

Nos casamos porque eran tantas las cosas bonitas que estaban sucediendo en mi vida que yo quería tener el tiempo y la tranquilidad para disfrutarlo todo. Carolina fue una niña completamente planificada y querida, y yo no quería que ella naciera fuera del matrimonio, más por mi papá que por mí. Pero no niego que parte de mí también lo quería, pues con Luis Ángel tenía todo lo que yo había soñado.

Tuvimos una ceremonia y una recepción pequeña en casa de Edgardo Díaz. Edgardo, como muchos saben, fue el fundador de Menudo, y era —es— mi amigo. Nos casó un juez, amigo también. Era mi etapa rebelde y había decidido que no me iba a vestir como novia tradicional. Eddie Guerrero me diseñó una minifalda blanca y rosa con una chaquetita y unos tacos blancos. Luis Ángel se puso un traje gris y se veía bello.

No tuvimos una fiesta, porque estábamos de luto, pero fue una ceremonia bonita, muy familiar, muy de amigos y sentida. No fue triste porque no somos una familia triste, pero sí debo decir que fue agridulce. Era imposible estar ahí y no imaginar a mi mamá con nosotros. Después de la ceremonia, decidí que no iba a salir públicamente con mi panza y me borré del mapa, hasta que nació Caro de parto natural, nueve meses exactos después la muerte de Mami.

Y todo lo que trajo Caro fue maravilloso y milagroso. Su aparición en mi mundo fue el momento más poderoso y más bello de mi existencia; fue una energía sanadora que vino a mejorarlo todo. Estaba enamorada, felizmente casada, se me había ido lo más grande, mi madre, pero llegaba a mi vida lo más grande, mi hija.

Y fue mi papá quien me enseñó todo: cómo bañarla, cómo sacarle los gases, cómo ponerle los pañales, cómo limpiarla, cómo alimentarla, cómo agarrarla para que la pudiera amamantar. Mi padre era mi madre. Y era de no creerse, pero mi niña escuchaba la voz de mi papá, apenas con días de nacida, y se volvía loca. Estaba obsesionada con Papi; como si ella hubiese nacido para él. Y así fue durante los veintitantos años que mi papá vivió después del nacimiento de Caro. Papi vivía para todos nosotros, pero especialmente para Caro. Mis sobrinas habían conocido a Mami. Caro no. Pero aprendería de ella conmigo y especialmente con Papi. A veces me decía que le daba tristeza que Mami no estuviese disfrutando esa etapa mía.

Qué cosa tan increíble, pero la historia se repitió.

Cuando yo nací, mi papá dijo que yo había llegado para salvarlo.

Y lo mismo sucedió con Caro. Ella llegó en el momento más oscuro de la vida de Papi, cuando se había dado por vencido. Y le devolvió las ganas de vivir.

—Los años que tengo se los debo a ella —me decía.

Carolina lo adoraba. Luis Ángel y yo nos separamos a los cuatro años de casados, y aunque todos permanecimos en contacto y él siguió muy cercano a Carolina, mi padre también se convirtió en otra figura paterna y una presencia constante en su vida. La veía todos los días y ella lo tenía en la palma de la mano ya que era su única nieta en San Juan. Cuando Carolina era bebé, mi papá era su todo. Al poco tiempo, se mudó mi hermano mayor para San Juan y las cosas mejoraron, porque éramos muchos los que ayudábamos a Papi y lo manteníamos ocupado. Eso sí, él se resistía a mudarse de su casa, de la casa que había compartido con mi mamá.

Pero con el paso del tiempo su salud se empezó a deteriorar y me preocupaba mucho que viviera solo. Hasta que un día le pedí que viniera a vivir en mi edificio, porque necesitaba ayuda con la niña. Era mi manera de convencerlo, porque él siempre decía que no quería ser una carga. Y en realidad, sí lo necesitaba. Porque mi paz y mi tranquilidad eran verlo a él saludable, verlo bien, y tenerlo cerca era una bendición para mí, para así poder cuidarlo sin que él se diera cuenta. Mi padre siempre fue bien independiente y su orgullo se hubiera herido de sólo pensar que incomodaba. Pero por lo menos logré que se mudara al edificio, y los últimos diez años de su vida los vivió conmigo y con su nieta que adoraba.

Reflexiones a la medianoche

Hoy cumple años la mujer más importante de mi vida. La luz de mis ojos, mi mejor canción. Mi cómplice, maestra, inspiración, ¡mi sueño hecho realidad! Un ser que vino a este planeta a iluminarlo con su luz. Mi sol, mi niña hermosa, ¡mi proyecto ya convertido en una mujer cabal, íntegra y preciosa por dentro y por fuera! Doy gracias a Dios por la bendición de escuchar su risa, por sentir su amor y ser su madre y compañera en esta maravillosa jornada llamada vida. ¡Cuánto hemos aprendido juntas! ¡Y lo que nos falta! Mi Caro del alma, ¡feliz cumpleaños! ¡Y que Dios te siga cubriendo con su LUZ! Te adoro con el alma, hija mía.

Happy Birthday! ROCK ON!!!

19

SER MAMÁ

*C*aro vino cargada de bendiciones. Trajo a mi vida, y a las vidas de todos nosotros, un sentido de responsabilidad que yo no había tenido antes. Caro le dio nuevo propósito a mi vida.

Después de tenerla, entendí muchas cosas de mi madre; tantas y tantas cosas que lamenté no haber podido compartir con ella, porque sé que juntas nos hubiésemos reído muchísimo durante la crianza de Caro.

Mi madre siempre me decía: «Deja que tengas un hijo; cuando tengas un hijo, vas a entender». A lo que yo le respondía: «Mami, ¿pero por qué?».

Yo le cuestionaba muchísimas cosas: que por qué era tan sobreprotectora, por qué era tan controladora, por qué era tan posesiva conmigo, por qué de muchas cosas que yo resentía como la buena hija rebelde que era. Ella se preocupaba incluso cuando yo ya era adulta y había salido de la casa. Se preocupaba por mí como si yo fuera una niña; yo pensaba que no me veía como adulta y eso era algo que me chocaba sobremanera. Viví fuera de mi casa por años, y mi mamá me seguía pidiendo que la llamara si iba a llegar tarde. Pero después, como todas las hijas del mundo cuando les llega el turno de ser madres, ahora sí que lo entendí.

Menos mal que se lo pude decir a mi papá. «Ahora los entiendo».

Cuando nació Caro, alteré mi vida entera. Llegó Carolina y le hice la promesa siendo ella una bebé, que nunca me iba a alejar de su lado, que yo la iba a criar. Que si iba a tener ayuda, sería con las otras tareas, mas no con su crianza. Yo la traje al mundo porque quería ser su mamá, no una foto en su mesita de noche. Eso alteró completamente el perfil de mi carrera. Antes yo me ausentaba por períodos largos cuando iba de gira por México y Suramérica. Pero desde que nació Caro, decidí que los viajes iban a ser esporádicos y cortos, por lo menos durante sus primeros tres años de vida. No me iba a alejar de ella más de dos, tres días.

Desde el momento en que me convertí en mamá, no me movía fuera de Puerto Rico o Estados Unidos, y si lo hacía, nunca era por más de un par de días. Lo hice por instinto, y tuve un período en el que pensé: «¿Qué hubiese pasado con mi carrera si no hubiera hecho esto?». Pero es algo que nunca sabré porque por nada del mundo me hubiese perdido lo que viví con Carolina durante esos años. No hay nada que sustituya la felicidad, la intensidad y el privilegio de haber sido su madre.

Sí, yo entiendo que afectó mi carrera, porque ya no tenía la disponibilidad de continuar ese tren de vida que llevaba. Ser mujer en esta industria es de por sí complicado: hay que ser fuerte y determinada y asertiva, pues los medios y la propia industria siempre están buscando tus debilidades. Pero no me arrepiento. Al tener a mi hija, todas esas consideraciones pasaron a un segundo plano. Para mí Caro no era una debilidad o inconveniencia, todo lo contrario, era mi razón y mi fortaleza.

Mil veces me llegaron propuestas que no quise, ni pude aceptar. Muchas veces lo discutí con Ángelo, porque era difícil tomar esas decisiones. Pero dentro de todo, reenfoqué mi vida hacia Puerto Rico ya que llevaba casi ocho años fuera. Y después de Carolina también empecé a forjar otro tipo de carrera, una más seria donde Ángelo reestructuró mi presencia y mi imagen para solidificarme como primera figura musical femenina en el país.

En ese momento ya era muy conocida y muy querida, pero no tenía la posición que Ángelo entendía que debía tener; para eso tenía que crear un plan. Y el plan se empezó a llevar a cabo. Empezaron los viajes a México, el país donde yo tenía más trayectoria y reconocimiento fuera de Estados Unidos y Puerto Rico, por ejemplo; pero no duraban más de dos semanas. Y estos viajes sólo comenzaron cuando Carolina era un poquito mayor —tendría dos, tres años— y yo me la llevaba conmigo, aunque nunca por más de dos semanas. Quería darle a ella la normalidad de vida y la estabilidad que se merecía.

Tenía la suerte de que el trabajo de Luis Ángel era mayormente de composición y pasaba mucho tiempo con nosotras. Si yo tenía que viajar, él se quedaba con la nena. Lo que acordamos era que Carolina siempre iba a estar con uno de los dos. Si yo iba a viajar, él se quedaba, y viceversa. Vivíamos en un apartamento en la playa con un parque justo al lado. A Carolina le encantaba ir al mar. Era una *baby* playera.

Muchos compañeros artistas van de viaje con sus hijos por uno, dos, tres meses a la vez, y andan con profesores y tutores. Ese nunca fue mi estilo. No es que me parezca mal, pero no era el camino para mí, entre muchas otras cosas porque yo tenía una gran familia extendida en Puerto Rico y tenía a mi papá, que estaba comprometido al cuidado de Carolina.

Fue un ajuste grande. Después de todo, yo no tenía mamá. Y aunque mi papá hacía de mamá, no era fácil para él tampoco. Mis viajes se volvieron casi cómicos, porque mi *entourage* —mis compañeros de viaje— no eran los típicos agentes y relacionistas públicos. En cambio, yo viajaba a todas partes con la niñera, con el coche, los juguetes y con mi papá, porque él no confiaba del todo en nadie que no fuese él para cuidar a su Carolina. Decía que una niñera no podría responder a una emergencia si yo estaba en un show, y que de ninguna manera él se quedaba atrás. Por esta razón, mis viajes eran casi caravanas de circo. Éramos la niñera, Papi, Caro y yo, más mi asistente, la peluquera, mi mánager... en fin. ¡Éramos una tropa!

Era lindo. Siempre he dicho que uno de los momentos más difíciles de un artista es bajarse del escenario después de tener este intercambio increíble de energía con cientos, con miles de personas, y llegar solo a la habitación de un hotel, a nada, a mirar cuatro paredes. Yo creo que ese contraste es terrible para cualquier artista y es lo que lleva a tantos en éste medio a refugiarse en drogas y alcohol.

Pero durante esos años, para mí era todo lo contrario. Yo terminaba el show y allí estaban mi papá, la niña, la nana, ¡toda la familia! Estar sola se volvió más bien un reto. Fue un momento bellísimo en mi vida y en mi carrera. A veces no podía dormir mucho porque Carolina quería estar conmigo todo el tiempo y yo no se lo impedía. Como consecuencia, Carolina me mantenía con los pies en la tierra. Yo salía a estos grandes escenarios con mucha pompa y circunstancia, pero cuando llegaba a la habitación tenía que darle su comidita, bañarla, cambiarle los pañales y... ser una mamá como cualquier otra.

Me río ahora, pero me pasaron tantas cosas. En 1993 por ejemplo, hice mi primer Coliseo Roberto Clemente en Puerto Rico, el cual fue un concierto histórico porque marcaba la primera vez que una mujer que cantaba pop se presentaba en ese lugar. En esos momentos, lo que movía el Coliseo —que era el recinto más grande de Puerto Rico— era la salsa, la música tropical o los espectáculos que reunían a muchos grupos a la vez. Yo eventualmente me presentaría muchas veces en el Coliseo; de hecho, un año logré el récord de noches para un solo artista, dando once shows en total.

Pero esa primera vez fue sin duda una tremenda emoción. El espectáculo quedó maravilloso, con un lleno total y un público extraordinario. Habíamos trabajado muchísimo en todo el montaje y. todo el equipo estaba eufórico porque era nuestro más grande espectáculo en vivo hasta el momento. Nos íbamos a ir todos a celebrar cuando me llamó mi papá y me pasó a Carolina al teléfono.

—Mamita, vente para casa que yo quiero arrocito —me dijo.

Mi niña, que tenía dos o tres años en ese momento, quería que yo fuera a casa para darle su arrocito. ¿Qué hace una madre en esa situación?

—Que se diviertan, que la pasen bien —le dije a todo el mundo, y me fui.

Me fui a mi casa a prepararle un arrocito a mi hija porque no se sentía bien. Llegué, me quité el maquillaje, me puse mi sudadera y mis sandalias, y me senté sola en mi casa en un sillón con mi hija, a darle su comida. Las llamadas de felicitación llovían, pero yo estaba en casa con mi hija, donde tenía que estar. Yo podía ser la diva más diva en el escenario, pero en mi casa, con mi hija, era una mamá, como cualquier otra. Aunque por un lado yo quería celebrar con todos, esta criatura necesitaba más de mí. Y la única que podía estar allí, que debía estar allí —la única— era yo. Y así ha sido toda la vida. Tengo una consciencia muy grande de que ser mamá de Carolina significa que tengo la responsabilidad —una responsabilidad que dura toda la vida— de asegurarme de que esté siempre bien. Y si no lo está, de ayudarla y apoyarla mientras pasa por las malas.

Situaciones como la del arrocito sucedieron montones de veces. En ocasiones llegaba cansadísima de un show y Caro me esperaba despierta porque no podía dormir. Claro, tenía ayuda, tenía niñeras o mi papá que la cuidaban en las noches si yo no estaba. Pero a la hora de la verdad, cuando tocaba dar la cara y estar para ella en cualquier circunstancia, me tocaba a mí.

La experiencia de ser madre es transformativa, como sabemos todas las madres. En mi caso, antes era bien impulsiva y apresurada. Pero Caro me enseñó la paciencia. Me enseñó a ver las cosas desde otro punto de vista. Me llamaba tanto la atención la curiosidad de mi niña y el hecho de que había que explicarle cosas tan sencillas como: «¿Qué es aquello que brilla en el cielo?». Ese ejercicio de descifrar para ellos lo que para nosotros es cotidiano, fue algo hermoso. Detalles tan pequeños como la sensación de tocar la arena, o el olor de las flores, o ver un animal nuevo. Ese proceso es muy bello. Y lo más lindo de todo es esa incondicionalidad del amor hacia un hijo. Yo, como cualquier madre, daría mi vida por mi hija, haría lo que fuese.

Sin embargo, y a pesar de lo que me consumía Carolina, mi carrera no se detuvo. Simplemente adoptó otro ritmo. Luis Ángel me escribió canciones espectaculares y seguí grabando. Trabajaba mucho, pero cerca de mi hija.

Luis Ángel llegó por segunda vez a mi vida para una triple misión: devolverme la fe en el amor, ser un gran apoyo durante la tragedia de estar perdiendo a mi madre, y para darme a mi hija. Al principio todo estaba bien en nuestro matrimonio. Éramos muy felices. Luis Ángel fue un buen esposo y un gran padre y también un gran compañero de carrera y de trabajo. Encontré apoyo y empatía en un hombre que también era artista y que comprendía las complejidades de la vida en la música. Luis Ángel era un verdadero artista, un compositor que me entendía tanto a mí como a mi música. Tener a alguien así en un momento tan vulnerable fue de gran apoyo y valor.

Pero yo estaba muy triste. Me sentía muy mal al no tener a mi mamá y al mismo tiempo tener a mi papá pasando por tanta pena. Tenía a mis hermanos y mis cuñadas, pero seguía siendo la única hija mujer, y gran parte del cuidado de mi padre recaía sobre mí. Era una tremenda responsabilidad. A pesar del estrés en mi vida personal, mi carrera profesional, en cambio, iba muy bien. No podía estar mejor.

Pero, irónicamente, aunque todo anduviera bien para mí desde un punto de vista profesional, algo comenzó a impactar mi matrimonio de forma negativa. Luis Ángel es un hombre sensible y orgulloso. No quería ni participar ni interferir en mi carrera. Entonces, empezó a desarrollar la suya, completamente aparte de la mía. Firmó con una nueva compañía discográfica y yo me enteré por los periódicos. Y aunque le pedía que cantáramos juntos, nunca quiso, porque no quería dar la impresión de que se estaba colgando de mí. Mi papá lo quería muchísimo, y Luis Ángel no quería que en ningún momento alguien pensara que se había casado conmigo por conveniencia profesional. De hecho, aunque me escribía las canciones, solamente cantó conmigo por primera vez después de que nos divorciamos.

Su actitud me confundía y me molestaba. Luis Ángel en ese momento era mi compañero de vida, y aunque entendía totalmente su inquietud y su afán por hacer su carrera separada de la mía, me frustraba que tuviese esa preocupación. Fue sólo uno de una serie de desencuentros. La vida nos sorprendió y de pronto no estábamos en la misma página. No veíamos las cosas de la misma manera y por eso empezamos a tener dificultades. Lo conversamos y la percepción que él tiene es que los viajes nos separaron. Yo pienso que comenzamos a perder los ingredientes que necesitábamos para vivir como pareja. Nos queríamos, pero ya no era amor romántico y apasionado que mantiene viva la llama de un matrimonio: era más bien amistad y compañerismo. Yo lo veía francamente infeliz. Tuvimos la fortuna de darnos cuenta a tiempo, antes de que se afianzara el resentimiento entre nosotros.

Pero no fue sencillo tomar ese camino. Luis Ángel no era solamente mi esposo sino también el padre de mi hija, y para mí era muy importante tratar de preservar, de salvar nuestro matrimonio. En mi esfuerzo por lograr descifrar qué andaba mal, qué podíamos hacer para entendernos mejor, le sugerí a ir a terapia de parejas. Pero él no estaba de acuerdo. De entrada, eso era un obstáculo y a la vez una señal. Si ni siquiera estaba dispuesto a intentarlo, tristemente entendí que nuestro matrimonio estaba herido de muerte. Aún así, comencé a ir yo sola. Poco a poco llegué a la conclusión de que si lográbamos salvar algo, iba a ser la amistad, porque a pesar de todo la amistad seguía viva. Un poco lastimada, pero viva. Afortunadamente, Luis Ángel y yo nos queríamos mucho. Pero como esposos, no funcionábamos.

Yo nunca vi la ruptura de nuestro matrimonio como un fracaso sino como un triunfo ante el desamor. Hoy por hoy, él se volvió a casar, lleva más de veinte años de matrimonio y tiene dos hijos hermosos. Yo también volví a casarme. Tuvimos la grandísima fortuna de encontrarnos gente con la cual pudimos ser felices por mucho tiempo. Tengo la certeza de que tomamos la decisión correcta; tan correcta, que fuimos los dos juntos al juzgado, agarrados de la mano y con lágrimas en los ojos, a disolver nuestro matrimonio. Nos divorciamos queriéndonos. Tanto así que la juez no entendía nada.

—¿Están seguros de que se quieren divorciar? —nos preguntó.

Aunque había mucha tristeza, sí estábamos seguros de que era lo mejor para los dos. No fue fácil. Pero era lo que teníamos que hacer.

Luis Ángel eventualmente se mudó a Los Ángeles, pero nos seguimos viendo como amigos, cordialmente y sin esa tensión que tienen tantos divorcios. Él continuó componiendo canciones para mí. No niego que hubo momentos donde existió la duda, pero con el tiempo quedó claro que la decisión había sido sabia. Vencimos el desamor.

Fue una etapa crucial. Él trajo a mi vida la felicidad más grande, ser madre, y ahora tengo una hija espectacular con muchas cualidades de su padre. Agradezco a Dios y a la vida, porque él era justo la persona que yo necesitaba a mi lado, y yo también era la persona que él quería. Al final, sobrevivió la amistad. Nos casamos, nos divorciamos y la amistad quedó intacta, tal vez hasta más profunda por todo lo vivido, y porque ahora nos conocemos mejor.

20

EL TERCER MR. NAZARIO

Luis Ángel y yo llevábamos dos años de divorciados cuando encontré al otro Luis.

Era amigo del padrino de mi hija y lo conocí en el gimnasio. Yo estaba en pleno acondicionamiento para mi concierto y solía entrenar en la tarde. A veces iba sola y otras veces me acompañaba una amiga. Un día estaba tomándome un descanso sentada en el suelo conversando con Alexandra, mi amiga. De pronto miré hacia arriba y vi a un monumento de hombre que entró, muy serio, con unos pantalones cortos, tenis, una mochila y una gorra de pelotero puesta al revés. Era una visión de bello.

A mi amiga, le dije:

—Dios mío, ¿qué es esto?

—Yo no lo conozco, pero te lo presento —me respondió ella enseguida.

—¡No se te ocurra! —le dije.

Pero la curiosidad me estaba matando.

—Fui donde la gerente del gimnasio, que ya conocía bastante bien, y le pregunté:

—¿Quién es ese? ¿Lo conoces? ¿Es buena gente?

— Ese muchacho es una chulería —me dijo—. Es judoca.

Yo estaba loca por mirarlo bien pero lo hacía sólo de reojo, de forma muy disimulada.

Lo veía llegar al gimnasio todos los días, muy serio y se iba directamente a correr en la trotadora, pero no hablaba con nadie. Tanto que al comienzo pensaba: «qué pesado».

Un día llegué al gimnasio y vi en la pizarra de anuncios un artículo con un titular que decía: «Bonnet gana la Copa». Todavía no habíamos cruzado palabra. Mi amiga me había advertido que si yo no tomaba la iniciativa de hablarle, nunca iba a suceder porque él era súper tímido. Yo no era tímida, pero ir a hablarle a alguien que me gustaba, eso yo nunca lo haría.

Nunca digas nunca.

Me armé de valor y me atreví. Usé el recorte de periódico como excusa y fui al área de las trotadoras, donde él estaba corriendo, como siempre, muy concentrado y serio.

Me le acerqué y lo único que le dije fue:

—Tú eres el de la noticia.

—Sí —me contestó.

—Felicidades —le dije, y me di la vuelta y me fui.

De inmediato paró de correr, ¡y me siguió!

—¿Y qué es eso de judoca? —le pregunté, aunque sabía perfectamente qué era. Porque la mujer, cuando quiere, tiene sus truquitos. Yo usé el de hacerme la tonta, que no sabía lo que era el judo ni nada relacionado a ese deporte. y así fue que comenzamos a hablar. Era la una de la tarde y a las cuatro seguíamos ahí en el gimnasio.

Le empecé a pedir consejos. Le pregunté que si estaba usando bien la máquina de remar, que cuál era la postura correcta porque me dolía un poco la espalda. Yo llevaba diez años entrenando, pero en ese momento, me convertí en estudiante y él en mi «maestro».

Así empezamos, coincidiendo en el gimnasio. Él intentó invitarme a comer un par de veces, pero yo estaba divorciada hacía poco y no quería salir con nadie. Después de un tiempo, intercambiamos teléfonos y comenzó a llamarme, pero aun así, no salíamos. Luis sabía quién yo era, pero no le afectaba en lo más mínimo.

—No conozco mucho tu música. Escucho música instrumental o americana —me dijo—, pero sé quién eres.

Él vivía cerca de mi casa y le encantaba correr. Cambió su ruta para pasar frente a mi casa y yo me asomaba a la ventana a cierta hora del día para verlo pasar. Resultó que también era amigo del padrino de Caro, Francisco, que estaba celebrando su cumpleaños en esos días. Decidimos encontramos en su fiesta.

Hasta ese momento solo lo había visto en el gimnasio, y cuando llegó donde mi compadre, casi no lo reconocí. Estaba muy elegante, espectacular y se me salió decirle:

—¡Qué bien te ves con ropa!

E inmediatamente pensé: «Pero ¡qué he dicho! Cualquiera que me oiga, qué irá a pensar». Mi comentario le causó mucha risa y como había música, me invitó a bailar.

—Los atletas no saben bailar —le contesté.

—Todos menos yo —me dijo.

Y así empezó todo.

En esos tiempos, trabajaba como administrador de una clínica de radiología. De camino a su trabajo pasaba frente a mi casa. Comenzó a visitarme y a traerme chocolates. Adoro los chocolates, tal vez demasiado, y poco a poco me fue ganando. No fui la única. Mi hija se «enamoró» perdidamente de él. Decía que él era su príncipe y se aprendió de memoria el teléfono de su oficina.

Carolina tenía como cuatro años y medio cuando se lo presenté. y a partir del momento en que se conocieron hubo una hermosa química y fue el comienzo de una una tierna relación .Yo le advertí:

—No le des tu teléfono porque ella tiene muy buena memoria y no va a dejar de llamarte.

Pero sin dudar un instante, él me respondió:

—Yo ya le di instrucciones a mi secretaria de que me interrumpiera cuando llamara Carolina. No me molesta, al contrario, siempre le voy a hablar.

Entonces no dije más.

Pronto Carolina empezó a hablar de él todo el tiempo: le encantaba su príncipe. El príncipe empezó a visitarnos a las dos. Llegaba a la casa y por supuesto era a visitarla a ella porque Carolina lo acaparaba y le sacaba todos los juguetes. La ternura con la que él la trataba y la atención que le daba me llamó muchísimo la atención. ¿Cómo no enamorarse de un hombre que consentía así a mi hija?

Como se acercaba el día de mi concierto le dije:

—Si quieres yo te puedo conseguir taquillas para que lleves a tu novia al show.

Porque aunque llevábamos semanas de conocernos, no le había preguntado y no sabía si tenía novia.

—Ya las compré —me respondió, para mi gran sorpresa—. Pienso ir con un grupo.

—Bueno, déjame saber para dejarte pasar *backstage* —le dije.

Unos días después, en el entrenamiento, me dijo que le había salido un viaje a España y no iba a poder ir al show, pero que iría su familia a verme.

—¿Quieres venir a un ensayo? —le pregunté. Como su viaje era literalmente el día del concierto, todavía iba a estar en San Juan cuando hiciéramos el ensayo general.

Eso hicimos. Luis fue con mi compadre, se sentaron en medio del teatro vacío, y canté el show completo.

Lo miraba y pensaba: «qué increíble». Después de tanto tiempo, era la primera vez en mi vida que tenía este tipo de acercamiento con una persona totalmente desligada de la música, y que, sin embargo, estaba ansiosa y curiosa por entender lo que yo hacía y quién era. Como artista, a veces es difícil medir el interés de las personas y saber diferenciar entre fascinación e interés genuino. Aprendí a ser muy selectiva con quién dejaba entrar en mi mundo; no solo por mí, ahora estaba Carolina. Pero Luis era un tipo completamente transparente y abierto, y desde el comienzo no tuvo reparos con mi profesión.

Cuando terminé el ensayo de aquel día, me dijo que había sido muy especial para él estar ahí.

A partir de ese momento sí empezamos a salir, aunque al principio no públicamente. Todavía no me sentía muy segura de lo que estaba sintiendo y hasta un poco reacia a darle más color del que tenía. Él era más joven que yo, pero nos llevábamos tan bien, éramos tan afines, que pensé: «¿Cuál es el problema? Estoy soltera y puedo hacer lo que quiera».

A Luis nunca lo intimidó mi fama, aunque al comienzo a mí sí me preocupaba el asunto, y mucho. Mis dos relaciones anteriores habían sido con artistas, personas que entendían el tren de vida. Luis marcaba la primera vez, desde Jacky, que me relacionaba con alguien fuera del ambiente. Pensé: que iba a ser muy difícil para él. Y por eso intenté alejarlo.

—Mira —le dije—, esta vida que yo llevo es muy complicada, muy pública. Donde quiera que vayamos va a haber gente mirando.

No hay privacidad y no creo que vas a poder con ese cambio en tu vida.

—No importa —me dijo.

—Es bien distinto a lo que conoces —le insistí.

—Dame la oportunidad. Vamos a intentarlo —me dijo—. Yo quiero estar contigo.

Y fue como pececito en el agua. Nunca tuvo problemas, nunca fue celoso. Era tranquilo y aunque me acompañaba a muchas actividades, prefería quedarse fuera de las «luces». Me encantaba que veníamos de mundos distintos y teníamos temas diferentes, vivencias y experiencias que compartir y aprender el uno del otro. Por otro lado, también era difícil porque tenía que explicarle situaciones que para él eran totalmente desconocidas. Era otro idioma. Pero siempre me tomé el tiempo de hablarle antes de que sucedieran las cosas.

Por ejemplo, si iba a grabar un video donde yo protagonizaba escenas de amor con un modelo, se lo hacía saber. Le expliqué que me movía en una industria poblada mayormente por hombres y que mi trabajo requería interacción y ausencias, pero que no tenía nada de qué preocuparse.

Luis no era ni machista ni inseguro. La confianza sería uno de los elementos más importantes en nuestra futura relación. Le encantaba que yo fuera sexy en el escenario. A él nada le movía el piso. Y eso lo hacía más atractivo ante mis ojos. Para mí fue un gran alivio. No me gusta que me celen. Me siento incómoda. Para mí, los celos infundados representan falta de autoestima y desconfianza. Y eso es muy difícil de sobrellevar en una pareja, sobre todo en éste trabajo.

Además, Luis estaba siempre para Carolina. Cuando Luis Ángel se mudó de Puerto Rico, Luis, junto a mi padre, se convirtió en su figura paternal. Era un hombre sano, inteligente, divertido. Tenía —y tiene— muchas cualidades. Y muy para mi sorpresa, a pesar de no conocer el ambiente artístico, lo entendió muy bien y se convirtió en mi compañero de vida, mi roca, un hombre estable y sólido.

Yo podía comerme el mundo y siempre sabía que podía contar con él. Era feliz, cada vez que llegaba a un nuevo escenario o me ganaba un premio. Mis triunfos los podía compartir con él, y el suyo era el primer gran abrazo que recibía al bajarme del escenario. Era feliz viéndome feliz.

Y qué difícil se me había hecho encontrar a alguien así. Se habla mucho de la falta de mujeres en la industria de la música, y creo que en cierta medida la falta de apoyo de una buena pareja a veces incide en nuestras carreras. Vale recordar que en el arte se comparte, no se compite. Eso aplica también a una pareja porque el éxito de uno no disminuye de ninguna manera a la persona que tenemos al lado. Cuando hay amor, el camino se hace más hermoso. Se suma, se fortalece, se comparten las penas y alegrías. Y el éxito de uno alegra al otro. ¿Fácil? No. ¿Imposible? Para nada.

21

LA TERCERA ES LA VENCIDA

Luis y yo nos casamos durante la grabación de *Pasiones*, en 1994, cuando ya llevábamos un año y medio conviviendo. Unos meses antes, me había dicho que quería pedir formalmente mi mano a mi papá.

—¿No te parece un poco cursi, considerando que ya vivimos juntos? —le pregunté yo.

—No —me dijo—, tú eres mi primer matrimonio y yo quiero hacer las cosas bien ante tu papá y mi familia.

Su mirada lo decía todo, y accedí. Además, en ese momento entendí el valor y la ternura del gesto. Nunca habían pedido mi mano y confieso que me pareció romántico y hasta emocionante. En ese momento pensé en Mami y cuánto hubiese disfrutado estar presente. Aunque no está físicamente, en momentos importantes de mi vida la siento conmigo. Me imaginaba su sonrisa al ver a su nena, porque siempre me vió así, comprometiéndose, como Dios manda, en casa de sus padres, como dicta la tradición. La nostalgia aparece cuando menos la esperas.

Luis siguió el protocolo tradicional. Llamó, pidió una cita y fue con su madre y su padre a casa de mi papá a pedir mi mano. Papi ya sabía lo que iba a suceder porque yo se lo había anticipado. No tenía idea de cómo reaccionaría porque nunca lo había vivido.

Aun así, fue un momento perfectamente divino, como de cuento de hadas. Yo me adelanté a llegar antes que Luis. Llegó con su familia, se sentó con nosotros y delante de todos dijo que me amaba, que me iba a proteger toda la vida y que quería pedir mi mano en matrimonio. Me entregó la sortija de compromiso preciosa, y yo, con la emoción, comenzé a llorar. Papi, por supuesto, también. Nunca olvidaré la escena. Le dio la bienvenida a la familia y le pidió que continuara velando por Caro y por mí.

A los pocos meses de nuestro compromiso, me fui a Los Ángeles a grabar mi nuevo disco con KC Porter, y, como de costumbre, me había instalado en la ciudad por varias semanas con mi tropa de gente: Carolina, la nana y mi papá. Luis venía a menudo a visitar, y un martes estábamos todos en el apartamento cuando mi papá, de la nada, dijo:

—¿Y ustedes por qué no se casan?

Me sorprendió la petición.

Luis se quedó pensando. Me miró y me dijo:

—¿Te quieres casar?

Y casi sin darme cuenta, sin pensarlo mucho, accedí.

—Está bien —le dije—. Acepto.

—¿Y por qué no se casan en Las Vegas? —dijo mi padre.

—¿Tú has ido a Las Vegas? —me preguntó Luis.

—No, yo no —le dije.

—¿Y tú? —le preguntó a Luis.

—Yo tampoco —contestó Luis.

—Pues yo tampoco —dijo mi papá—. No necesitan nada ni a nadie más. Estoy yo, está la nena. ¡Vamos a casarnos en Las Vegas!

Me pareció tan divertida la propuesta de mi papá, y tan descabellada a la vez, porque estaba en mitad del proceso de grabar mi disco, pero me di a la tarea de averiguar los detalles del proceso y considerar seriamente si era factible . Hablé con la esposa de KC, que conocía a todo el mundo, y me dijo:

—Ednita, casarse en Las Vegas es lo más fácil del mundo. Aquí tienes un número de teléfono. Llama y te coordinan todo.

Y así fue. Agarré mi tarjeta de crédito, llamé y desde un solo lugar me resolvieron hasta el más mínimo detalle. Me dieron las instrucciones para el registro civil y los requerimientos para llevar a cabo nuestra boda.

Colgando el teléfono me fui a Melrose corriendo, me metí en la boutique de Vivienne Westwood y me compré un vestido de dos piezas, largo, dorado, bello, y unos zapatos en combinación. A mi Carolina le compré un vestido largo, precioso, y Luis decidió alquilar su ajuar en Las Vegas. También por teléfono, como todo lo demás.

Paso siguiente, no me iba a casar sola. Llamé a mis hermanos y les dije:

—¿Qué van a hacer este fin de semana?

—Ah, nada.

—Pues nos vamos todos a Las Vegas —les dije.

Volé a toda mi familia. Algunos venían de Puerto Rico, una de mis sobrinas que estudiaba en el MIT venía de Boston y la otra de Washington. Vino la familia de Luis —cinco hermanos varones y una mujer— y mi peluquera y amiga del alma, Wanda Montes, que iba a hacer doble turno, mi madrina de boda y arreglarme para la ceremonia.

Mi papá estaba feliz.

Fue una boda tan bella y la gozamos tanto, tanto. Celebramos todo el fin de semana, desde el jueves hasta el lunes y alquilé doce suites con jacuzzi en el Luxor para nuestros invitados. La ceremonia fue en la capilla del Hotel Excalibur, y a pesar de ser en Las Vegas, y de tener al mago Merlín oficiando la ceremonia nupcial, fue sentida y bien hermosa. Y lo más bello de todo fue la entrada de Carolina, tirando pétalos de rosa por el piso.

Para la recepción de la boda, nos habían preparado un salón precioso y privado en el Luxor con una mesa larga, decorada con un bizcocho divino. Ahí cenamos y después fuimos a ver un show.

Fue la boda de mis sueños, la que nunca había podido tener. Mi primer matrimonio había sido en mi casa y mis papás no lo aprobaban del todo. La segunda boda fue triste por la muerte tan reciente de mi mamá. Este tercer matrimonio, en cambio, había pasado por todas las etapas. me fueron a pedir, me comprometí por seis meses y me casé. Lo que sueña toda mujer (o por lo menos, yo) —su príncipe, su castillo, su celebración— lo viví con Luis en Las Vegas.

22

AGRIDULCE

Luis y yo no teníamos planes de tener hijos. Con Caro teníamos las manos llenas. Todo corría sobre ruedas y estábamos muy felices. Nuestra relación era sólida, Caro estaba creciendo rodeada de armonía y amor. Por primera vez en mi carrera, iba a presentar un concierto en el estadio Hiram Bithorn, el más grande de mi país y más o menos para esas fechas, me habían hecho el acercamiento para una obra musical en Broadway.

El show en el estadio sería en abril, pero desde el año anterior ya Ángelo Medina y yo lo estábamos desarrollando. Era una producción muy ambiciosa de grandes proporciones. Sería el concierto más grande en toda mi carrera.

Para ese entonces había alcanzado muchísimas metas profesionales. Tanto de shows como de lugares donde soñaba trabajar. Habíamos hecho quince conciertos en el Coliseo Roberto Clemente, cada uno con más de diez mil personas, y Ángelo pensó que si podía llenar quince coliseos, ¿por qué no un estadio?

Cuando me lo planteó, yo me reí.

—Tú estás loco —le dije.

Porque nadie había llenado el estadio. Ninguna mujer y ningún artista de pop del país. Solamente los grandes artistas internacionales tocaban en el estadio. Para mí era una propuesta tan inmensa que parecía absurda.

Pero para esas alturas ya había aprendido una gran lección: cada vez que Ángelo salía con una de estas ideas que parecían desquiciadas, siempre salían bien.

—¡Vamos a hacer diez coliseos! —exclamó.

Cada vez que me decía cosas así, yo me reía. Pero con el paso del tiempo aprendí a no reírme porque, aunque pareciera descabellado lo que me decía, siempre sucedía, tal y como él lo había anticipado.

Aun así, una cosa era el coliseo, y otra muy diferente era el estadio.

— Ángelo, por favor —le dije yo, pensando: «¿artista nacional, música pop, treinta mil y pico de personas? Imposible. Imposible. Eso no va a pasar».

Pues pasó.

Mi nuevo disco se llamaba *Espíritu libre*, y así le pusimos al show. Nos sentamos a diseñarlo junto a Wady Rodríguez, un extraordinario director artístico y diseñador de escena, con muchísima anticipación. Dada la escala del estadio y sus dimensiones, necesitábamos crear un espectáculo que no se perdiera en esa inmensidad de lugar. La producción era enorme. Más luces, más escenografía, casi treinta bailarines y como cinco cambios de vestuario. Era una mega producción, la más ambiciosa de mi vida.

Tan pronto se confirmó todo empecé a entrenar, aún más que de costumbre. Iba al gimnasio, tenía un entrenador que venía a la casa, todo lo necesario para estar en la mejor forma posible. Era un concierto físicamente agotador, por el tamaño del escenario, los bailes y el repertorio que había escogido. Serían meses de preparación.

Y en la mitad de todo esto, empecé a sentirme rara. Pensé que eran los nervios, porque a fin de cuentas, era el evento más grande que habíamos hecho. Mi asistente me vio diferente, demasiado sensible, me dijo que debía ir al médico a que me revisara. ¿Con qué tiempo? Además, estaba segura, segurísima que era todo por la presión del concierto. Pasaron varios días y no mejoré. Y tampoco me vino la regla.

—¿Y por qué no te haces una pruebita de embarazo?

Esos momentos son muy difíciles de recordar, pero puedo verme como si fuera ayer. Me compré no una sino dos pruebitas —porque una puede salir mal— y me fui al baño. En ese momento, no le había dicho nada a nadie, ni a mi papá, ni a Luis ni a Carolina. Estaba nerviosa ¡porque faltaba mucho por ensayar!

Y la prueba salió positiva.

«Esto tiene que estar mal», pensé. Puede ser un falso positivo, me decía a mi misma, con una sensación de miedo e incredulidad. La repetí y salió positiva otra vez. Mi primera reacción fue de echarme a llorar. No sé si era de alegría o de susto o de: «Dios mío, ahora qué voy a hacer». Fue un torbellino de emociones. Estuve ahí sentada un rato y finalmente hice una cita con el médico de mi familia, quien me hizo un examen de sangre, ahora sí no había dudas, estaba embarazada.

—Debes tener cuatro, cinco semanas —me dijo el doctor.

Yo había ido sola a verlo a su consultorio porque en el fondo de mi alma todavía me parecía inconcebible que estuviese embarazada. Lo primero que me pasó por la cabeza fue el concierto, y acto seguido pensé: «¿Cómo le digo esto a Ángelo?».

Pero al que primero le di la noticia fue a Luis, y casi se muere de la felicidad. Su reacción me cambió totalmente la perspectiva y me dio fuerzas para pensar que todo iba a salir bien, que iba a tener un bebé y que también iba a poder dar mi concierto. Mi papá también estaba súper feliz, y Carolina —que tenía nueve años— no cabía de la dicha. Hasta Ángelo estaba contento.

Seguí ensayando como siempre. Ya me sentía maravillosamente bien y pensaba cómo ajustar mi nueva realidad al futuro porque cuando me tocara estar parada en ese escenario iba a tener tres meses y pico de embarazo. Con el vestuario que me había diseñado Ed Coriano se me iba a notar la pancita.

—¿Qué hacemos? —le pregunté a Ed.

—Tranquila —me dijo—, lo resolvemos.— Ed es un extraordinario diseñador, un campeón, además de un gran amigo y confiaba plenamente en él—. Yo te voy a preparar un vestuario especial para que en un momento del show puedas anunciar que estás embarazada.

Ese detalle aparentemente tan pequeño, un detalle de vestuario, me permitió asumir mi nueva realidad feliz y con la seguridad de poder decir: «Sí, ¿por qué no? Estoy con el hombre que amo, estoy esperando nuestro bebé, ¿por qué no anunciarlo?». Nos divertíamos mucho imaginando la reacción de nuestra familia, amigos y el público cuando se enteraran. Queríamos mantenerlo en secreto hasta el último momento.

Pero, tristemente, las cosas no siempre suceden como uno se las imagina.

Unos diez días antes del show sufrí un aborto espontáneo. Fui al médico a hacerme el sonograma porque me sentía muy mal: muchas náuseas, dolor en el cuerpo entero y había empezado a sangrar un poco. Cuando por fin lo localizaron, estaba quietecito mi renacuajito. Estaba en su bolsita, pero no encontraban el latido de su corazoncito que semanas antes nos había hecho sentir tan felices. Caro y Luis estaban conmigo durante el exámen. Aunque lo presentía, no quería escuchar lo que era evidente. Noté la cara de preocupación de la mujer que me hacía el estudio y sentí mi corazón a punto de estallar.

—Lo perdimos —me dijo el doctor.

Fue devastador. Para Luis fue horrible, para Carolina y para mí también. Yo no quería levantarme de la camilla. Se hicieron los arreglos para intervenirme. Cuando llegué a mi casa y me acosté, sentí una tristeza profunda y dolorosa. No quería levantarme, así tuviera el show encima. Fue horroroso. Todos estaban tan ilusionados con ese bebé, ese bebé que me había angustiado por un segundo y que después se había convertido en mi gran anhelo, el gran anhelo de todos.

No sólo era tristeza sino también sentí rabia, porque no podía creer que estuviese perdiendo un segundo bebé. No era justo. Pero era una realidad. El médico me explicó que la naturaleza es sabia y seguramente el embarazo no venía bien y el propio cuerpo lo desechó. Me dijo que no era mi culpa y que más adelante podríamos intentar de nuevo. Explicación lógica, sencilla y cientfica. Sí, entendí. Pero, ¿donde ubicba todo ese dolor en el alma que sentía en ese momento? ¿Dónde encontrar la fuerza para levantarme y presentarme en menos de dos semanas en el escenario?

Y así, una vez más, la vida me daba una nueva lección, no tan nueva. El show debe continuar. Lo que se aprende no se olvida y me tocaba demostrarme a mí misma que sí podría cumplir con ese compromiso tan enorme. Tenía que hacerlo. Y así lo hice.

Me he dado cuenta, con el paso de los años, de que en los momentos más oscuros de mi vida, los momentos más difíciles, tengo que sobreponerme y pararme en el escenario a cantar. Siempre me ha pasado. Me pasó con la muerte de mi mamá y me pasó con la pérdida de mi bebé. Incluso cuando rompí con Jacky tuve que subir a la fiesta a recibir a mis amigos y fans como si nada me estuviera pasando. En los momentos más trágicos, al par de días, tenía que estar en un escenario cantando. Es algo que no he podido entender. Creo que es como una bendición de Dios, una manera de decirme que soy más fuerte que mis circunstancias y si tengo fe en Él y en mí, puedo volver a levantarme y escuchar Su Voz diciéndome : «La vida continúa, y todo va a estar bien».

Pero qué duro fue todo. Me dio mucha tristeza, sobre todo por Luis, que estaba tan ilusionado con la idea de ser papá. Aunque él me ayudó a criar a Carolina, no tenía sus propios hijos y yo sé que era algo que él soñaba.

Después de esa pérdida, quise investigar si yo tenía problemas con la concepción. Inclusive llegué a contemplar la posibilidad de adoptar. Pero Luis me dijo que no, que si íbamos a tener un hijo, prefería que fuese mío. Juntos consultamos distintos médicos que se especializan en embarazos difíciles, porque quisimos averiguar qué posibilidades reales había de quedar embarazada.

Yo le pregunté al doctor que si esto me iba a suceder nuevamente y me dijo que no me podía garantizar nada. Para mí fue devastador perder ese bebé, y el pensar que pudiera volver a pasar, después de tener dos pérdidas, era algo que no quería repetir. Ese dolor no lo volvería a pasar.

Luis no quería que me hiciera tratamientos de fertilidad o in vitro si representaban algún peligro para mí. El último médico que consulté me dijo que tenía que dedicarme un año entero, tranquila, sin trabajar, para intentar un nuevo embarazo.

Luis, hijo de médico, siempre preguntaba:

—¿Hay un riesgo para ella?

Y sí, sí había.

—Entonces no —decía—. Nada que implique riesgo. Yo ya tengo

a mi hija Carolina, a quien crié, y si yo tengo un hijo será porque no es riesgoso para ti.

Y ahí quedó. Nunca tuve la oportunidad de tener otro hijo. Es una tristeza que llevé encima por mucho tiempo. Cuando finalmente me diagnosticaron con fibromas, ahí me dijeron que definitivamente no iba a pasar.

Pero en el momento de esa segunda pérdida, yo no sabía eso. Yo sólo sabía que había perdido a este bebé y que la desolación que sentía era física y emocional, y sentía que me moría, que me ahogaba por dentro. Pero tenía que cumplir con un compromiso que era más grande que yo.

A los diez días de uno de los momentos más oscuros de mi vida, estaba parada frente a treinta y seis mil personas en el estadio Hiram Bithorn, ante un público que abarrotaba el estadio. No cabía una aguja.

El show comenzaba con un plataforma que se elevaba sobre el escenario y sobre la cual yo yacía recostada, vestida con unos pantalones grises plateados y una capa de chifón, cantando «Espíritu libre».

Pero no escuchaba nada, porque el ruido de la muchedumbre era ensordecedor. En cada concierto se ensaya mucho Estamos listos, preparados para la cita. Pero es imposible anticipar algo así, escuchar a casi cuarenta mil personas gritando tu nombre, ver filas y filas de gente que se emocionan con tu llegada.

Y qué difícil es poderlo describir. Saber que mi música puede despertar esa reacción es algo grande y hermoso, pero también te hace reflexionar y agradecer ese gran privilegio, esa gran bendición.

Esa noche nunca se me va a olvidar.

Y ese fue el comienzo del resto de mi vida, porque ahí concluyeron muchas cosas y empezaron otras. Comenzó el compromiso mayor con la artista. Fue un soltar amarras, quitarme de alguna manera la capa de matriarca de la familia y despojarme de esa responsabilidad autoimpuesta. Era hora. Además, nunca intenté ocupar ese espacio en la vida de mi padre o de mis hermanos. Me tocaba liberar mi espíritu, plantearme retos nuevos, cosas nuevas y fuera de mi área de comfort.

A estas alturas, Caro ya tenía nueve años, ya no era una bebé, y eso me permitía considerar hacer cosas de mayor compromiso que antes no podía aceptar.

Pienso que mi vida fue antes y después de Broadway. Y el comienzo de esta nueva etapa fue ahí, en el estadio. Esa noche me transformó. Ahora quería perseguir uno de mis sueños: ir a Broadway.

23

THE CAPEMAN

Después del concierto en el Hiram Bitron, dejé a un lado el temor de moverme de Puerto Rico por mucho tiempo.

Próxima parada: el Lincoln Center en Nueva York.

En ese momento, y en el apogeo de mi carrera, llevamos a «Espíritu libre», el mismo concierto que habíamos presentado en Puerto Rico.

Llegué con la emoción del estadio al Lincon Center. Vino todo el crew, músicos, bailarines, y lo que se había convertido en mi familia extendida. Tanto detalle de producción y el compromiso de presentarnos en un escenario tan prestigioso, abonó bastante a los nervios. Pero era prácticamente imposible que se me olvidara algo. Todo saldría perfecto, pensé. Perfecto.

La canción: «Templo de mi corazón» vendría a ser protagonista de una de las historias que atesoro del camino. En la coreografía, yo hacía mi entrada triunfal al escenario cargada por los bailarines en una especie de cama egipcia que se había fabricado especialmente para mi. Durante el ensayo general, decidí no pasar el show completo. No quería cansar a mi gente y me salté varias canciones. Pero había que pasar «Templo» por lo compleja. De pronto, veo caras serias, asustadas. ¡La cama! ¡La cama egipcia!

¡Se quedó la cama en Puerto Rico! No la montaron con el resto de la escenografía. Y ahora, ¿qué hacemos? Pues, ni corto ni perezoso, mi esposo salió corriendo a la ferretería a comprar un pedazo de madera. Pero había que forrarlo y armarlo. Consiguió unos tornillos que se usan para las verjas, pintaron todo con *spray* dorado y lo tapizaron con las almohadas y la colcha de la cama del hotel. Ed Coriano y sus «recursos».

No era igual a la que se quedó, pero resolvía la crisis. Pesaba muchísimo más que la otra. ¡Pobres bailarines! Tuve que reclutar a Luis y mi compadre Nelson que se «disfrazaron» para ayudar a cargar la cama... ¡y a mí! El tiempo en el gimnasio rindiendo frutos: fuerza y «estampa». Y así salí en mi cama egipcia en el Lincoln Center. Fue una locura, pero tan divertido. Uno de los momentos más importantes de mi carrera, una de mis metas, uno de mis sueños, así como lo había sido aquel *command performance* y como lo serían Carnegie Hall y luego, Broadway.

Yo nunca había actuado, ni siquiera en las obras del colegio. Jamás. Pero varias personas me llamaron para decirme que Paul Simon, uno de los cantautores americanos más famosos de todos los tiempos, estaba buscando gente en Puerto Rico para un musical que quería hacer en Broadway. Se llamaba *The Capeman*, y contaba la historia real de Salvador Agrón, un muchacho puertorriqueño de dieciséis años que fue declarado culpable de homicidio en Nueva York en los años cincuenta.

Había visto muchos musicales en Broadway, pero mi falta de experiencia actoral me asustaba un poco. Marc Anthony, que era amigo mío, vino a verme a mi casa en Puerto Rico y me explicó de qué se trataba, que iba a ser un papel estelar y que Rubén Blades —otro amigo mío— también estaría involucrado en el proyecto. Yo le compartí la preocupación de que nunca había actuado, pero él insistió en que yo era perfecta para la obra.

—Nosotros llevamos un montón de años con este proyecto —me dijo—, y creo que la persona para este papel eres tú. Están audicionando en Nueva York, pero nadie da pie con bola. Igual, vas a tener que ir a audicionar pero yo estoy seguro de que te lo van a dar.

A pesar de mis dudas, la realidad era que Broadway siempre había sido uno de mis grandes sueños. Desde niña, desde ese primer viaje a Nueva York, lo había soñado y aquí, finalmente, tenía una oportunidad real. Decidí que no tenía nada que perder.

—Si tú me acompañas a la audición —le dije a Marc—, yo voy.

Y Marc me dijo que sí; que iría conmigo. Entonces, después de consultarlo con Ángelo, acepté presentarme.

Desde Nueva York me mandaron la música que querían que cantara en la audición; para así irme preparando. Yo sabía que mi rol sería el de la mamá del personaje principal y que ese papel abarcaba desde los veintitrés años hasta los sesenta y pico; o sea, era el arco completo de una vida. Yo sería el único personaje que iba a envejecer tan dramáticamente en el escenario. Tanto Marc como Rubén, por ejemplo, harían roles compartidos por dos actores, cada uno representando al mismo personaje en edades distintas.

Pero eso era lo único que yo sabía en el momento en que recibí la música. Era una canción muy bella, y aunque yo la entendía perfectamente, no sabía por qué la letra decía lo que decía. Yo, como siempre, quería meterme en la película de la canción para interpretarla como si fuera mía, pero no alcanzaba a hacerlo con la información que tenía en ese momento.

Viajé a Nueva York y fui a la audición. El ambiente era bastante intimidante. Llegamos a un edificio de salones de ensayos. Pensé que Marc podía entrar conmigo para darme apoyo y tener una cara conocida mientras audicionara. Cuando llegó mi turno me dijo: «*Go get them!*» algo así como «Ve por ellos». Y en ese momento me dijo que tenía que entrar sola. Respiré profundo y abrí la puerta. El salón estaba bastante oscuro. A un lado había una mesa larga donde estaban sentados el director, el productor, el director musical y, por supuesto, Paul Simon. Y frente a esa mesa, un pequeño espacio iluminado y un micrófono de pié.

—*Are you ready?* ¿Estás lista? —me preguntaron.

—*No, I'm not.* No estoy lista —les dije.

Hubo un silencio incómodo. Los que estaban en la mesa se miraron entre ellos y me imagino que habrán pensando «Y a esta, ¿qué le pasa?».

—Necesito más información —les expliqué.

—*But, don't you know the song?* ¿No te sabes la canción? —me preguntaron.

—Sí, me la sé —les contesté—. Pero quiero entender por qué dice las cosas que dice. ¿Quién es ella?

Podía cantarla. Pero para poder interpretar correctamente, necesitaba conocer al personaje, y no tenía, hasta ese momento, ninguna información sobre ella. Yo sabía que era la mamá, pero nada más.

—Cuéntenme más sobre ella —les dije—. Cantar la canción no es el problema. Pero necesito saber quién es y por qué dice esas cosas.

Eso les cayó en gracia. Paul me pidió que me sentara y me empezó a contar la historia de Esmeralda, el personaje.

Escuché atentamente lo que me relataba. Le hice muchas preguntas hasta que estuve totalmente segura de saber quién era. Esmeralda era una campesina de Mayagüez, de donde venía mi familia y empecé a entender el por qué de lo que decía. Finalmente le dije:

—No soy ella, pero la conozco. Mi familia es de esa área y yo conozco la mentalidad. Ahora sí estoy lista para cantar.

Ya había pasado una hora desde que había entrado a la audición. El micrófono estaba ahí, solito, esperándome, y Paul se sentó con su guitarra y me acompañó mientras canté. Una de las canciones se llamaba «Sunday Afternoon» y la otra, «Chimes». Marcaban dos emotivos momentos durante la obra.

La música era hermosa, la canción era hermosa, y le puse toda mi emoción y mi corazón. Cuando terminé, hubo silencio total, como de muerte. Nadie dijo absolutamente nada y yo pensé: «Dios mío, no les gustó. Ya se acabó esto». Se me hacía imposible descifrar su reacción a lo que acababa de suceder porque solo alcanzaba a verlos en silueta. Fueron minutos que parecían horas. Decidí despedirme.

Como nadie decía nada, yo tomé la palabra y dije:

— Ha sido muy emocionante para mí, en este momento de mi vida, hacer algo por primera vez. Esta ha sido mi primera audición y muchísimas gracias por invitarme. Un gran honor conocerte, Paul, y mucho éxito con la obra.

Me di la vuelta y comencé a caminar hacia la puerta.

—No, no, espera, regresa —me dijeron—. ¿Estarías dispuesta a tomar parte en nuestra obra?

Querían saber si estaba dispuesta a venir por tanto tiempo, dado que asumían que tenía muchos compromisos.

—¿Tú entiendes que necesitas dedicarle de un año y medio a dos años a esto? —me preguntaron.

—Sí, lo sé. Estoy dispuesta y me encantaría ser Esmeralda —les dije—. Yo soy Esmeralda. Yo puedo ser Esmeralda. Yo la entiendo.

—Mira, nosotros tenemos que audicionar a un par de personas más —me dijeron, como diciendo: «No nos llames a nosotros, que nosotros te llamaremos a ti».

Luego hicieron pasar al pobre Marc, que con toda su paciencia había estado esperando afuera sin saber qué diablos hacía yo por casi dos horas en una audición.

Cuando Marc salió, me dijo:

—Mira, no te quiero decir nada porque faltan dos personas por audicionar después de ti, pero te aman. Te vamos a llamar el lunes con la respuesta final.

—OK —le dije.

Para el lunes faltaban un par de días. Regresé a Puerto Rico esa misma noche. Cuando llegué a casa, me hicieron un interrogatorio. Cómo te fue, qué te dijeron, cómo es el asunto, te pusiste nerviosa y mil preguntas más. Les conté con lujo de detalles cada paso, mi emoción de conocer a Paul y mi gratitud a Marc por no abandonarme allí.

Ese lunes no me moví de mi casa. ¡Pero en mi cabeza había un huracán! No saber todavía me ponía muy nerviosa. Pensaba una y otra vez en las dos posibilidades: sí y no. Y todo lo que conllevaría mudarme a Nueva York. Pero no podía cruzar el río antes de llegar a él. En la tarde sonó el teléfono y era uno de los productores. Después de saludarnos, empezó a hablarme de otras cosas, del clima, Puerto Rico, placer de conocerte, temas que no venían al caso. Mi corazón se aceleraba cada vez más. ¡Me moría por saber!

—Te llamo para decirte que tú eres Esmeralda —me dijo por fin.

—Ah, qué maravilla, muchas gracias —le dije yo, tratando de aparentar la mayor serenidad posible—. Estoy muy feliz, déjenme saber si necesitan algo de mí.

Apenas colgué, empecé a gritar y a correr por todo el departamento hasta que mi papá subió corriendo, asustado.

—¿Qué pasó? ¿Qué pasó? —preguntó.

—¡Soy Esmeralda, soy Esmeralda! —grité.

Y así fue que empezó todo.

Me mudé a Nueva York para comenzar los seis meses de ensayo. Ya tenía varios shows comprometidos, y viajaba a Puerto Rico o México a cumplirlos. Pero inmediatamente regresaba.

Era un ritmo de trabajo muy pesado, pues hacíamos ocho shows a la semana. Las funciones eran de martes a domingo, con dos shows al día los sábados y los miércoles. Algunas veces nos quedábamos después del show en la tarde, para conversar con grupos de jóvenes o estudiantes.

Eso sí que fue un reto a la disciplina. Yo no pude hacer nada más durante los meses que duró el show, solo cantar y descansar. Era la protagonista femenina y tenía muchas canciones, todas complejas y muy emocionales. La historia era bastante triste, trágica, diría yo, y me tocó aprender a administrar mis emociones. Vocalmente aprendí a dosificar lo que hacía y buscar trucos para poder repetir lo mismo noche tras noche. Mi papel era complejo y muy exigente, porque estaba presente a lo largo de toda la obra. Tenía tres épocas principales donde cambiaba totalmente mi apariencia. Como dije antes, de veititrés a sesenta y tantos años.

Me acuerdo tener a Marc o a Rubén frente a mi durante los ensayos y los dos me decían que iba a ser complicado verme con ojos de «hijos». Igualmente, para mi era bastante difícil verme como su «madre», pues soy menor que Rubén pero no lo suficientemente mayor que Marc como para ser su mamá. Pero, una vez llegamos al teatro, fue algo totalmete distinto.

La transformación física, con maquillajes, vestuario y pelucas, era enorme. Y durante el proceso, poco a poco Esmeralda aparecía en el espejo frente a mí.

El elenco era grande y muy talentoso. La mayoría éramos latinos.

Y hacerlo me hizo sentir una nueva apreciación y respeto por la gente que hace Broadway. Es un compromiso de grandes proporciones, donde vives al servicio de la obra, de hacer un trabajo de excelencia noche tras noche, donde hasta la respiración se escucha y tu instrumento tiene que estar en condiciones óptimas todo el tiempo. Broadway no es fácil.

Para mí fue una experiencia maravillosa, y además, fui la única del elenco que ganó premios: gané el Theatre World Award y fui nominada para el Drama Desk Award.

Pero a la vez, fue una obra supremamente controversial.

The Capeman es la historia de un muchachito puertorriqueño que se hizo miembro de una pandilla y mató a dos muchachos blancos. En su momento fue la persona más joven en la historia de Nueva York en ser condenada a la pena de muerte. La historia, basada en un hecho real, tuvo lugar en los años cincuenta, época tumultuosa en la ciudad donde los inmigrantes sufrían de discriminación rampante. Ser puertorriqueño a la hora de comenter alguna falta no era muy ventajoso. No existían los *Miranda Rights*, los derechos que, al momento del arresto, permiten que solicites un abogado antes de hablar con la policía.

Muchos pensaban que este muchacho había sido injustamente enjuiciado y que las pruebas no estaban claras, pero otros sí lo consideraban culpable. Lo cierto es que lo enjuiciaron y lo condenaron a muerte. Luego le redujeron su sentencia a cadena perpetua. Durante su estadía encarcelado, el joven se dedicó a estudiar. Por buena conducta, le conmutaron la sentencia y salió de la cárcel en 1979, veinte años después de los asesinatos.

Agrón tuvo muchas dificultades para asimilarse y finalmente

murió de cáncer a los cuarenta y dos años de edad. El caso fue motivo de mucha polémica, y el hecho de que Paul lo hubiese llevado a Broadway también fue muy controversial. Muchos lo vieron como la glorificación de un criminal. De hecho, todavía había familiares de los muchachitos asesinados que estaban vivos e hicieron una protesta frente al teatro. Eran muy pocos, pero la prensa les dio cobertura.

Por otra parte, Paul no quería el típico musical de Broadway. Quería montar una obra completamente distinta, con actores y músicos de fuera. Quería innovar y decidió arriesgarse con su visión. El proceso fue polémico. En aquel momento, lo que estaba muy de moda eran los musicales tipo Disney, de lenguaje sencillo y tramas con final feliz. Nuestra obra definitivamente era difícil, y, dependiendo de tu propia experiencia, más que contestar preguntas, hacía que te cuestionaras. Era similar a una tragedia griega.

La premisa era: ¿Podemos pagar nuestras faltas ante la sociedad? ¿Estamos dispuestos a perdonar? ¿Es posible la redención?

Para la gente de nuestra cultura, para los latinos o los negros, o los que han vivido el maltrato del racismo o del ostracismo, la obra resonaba. Era la historia de un inmigrante pobre que llega a una gran ciudad, que no conoce el idioma, sale a la calle a sobrevivir y termina ingresando a una pandilla. Una persona que no se relaciona con esa historia no la entiende, y lo veíamos en la reacción del público. Las noches en que era mayormente latino, se ponían de pie y aplaudían llorando. Cuando eran el otro público, la reacción era distinta. Para ellos la obra era incómoda porque la veían únicamente como la glorificación de un criminal.

—Voltea la historia —le dijo Paul una vez a un periodista—. Voltea la historia y di que ese muchacho, en lugar de ser puertorriqueño, es un típico muchacho americano que mata a dos puertorriqueños en una pelea de pandillas. Mándalo a la cárcel por veinte años y míralo convertirse en una persona ejemplar con cuatro títulos universitarios. Sería un héroe.

Algunos pensaban que no se sabe a ciencia cierta si fue culpable o no, aunque así lo dictó el juicio. Lo cierto es que transformó su vida, le pagó su deuda a la sociedad, se educó y salió para servir a su comunidad. No lo logró. Fue rechazado y jamás pudo reacer su vida. Murió joven.

La prensa fue implacable con nosotros. Hicimos varios programas importantes con Paul y hasta fuimos a *Oprah!* Pero llegó el momento en que Paul ya no quería dar entrevistas y Marc y Rubén decidieron no hacerlo tampoco. A mí me tocó la tarea de tratar de justificar lo injustificable. Era muy difícil argumentar con la prensa norteamericana. Por eso decidí enfocarme en el argumento desde el punto de vista de mi personaje: la madre del presunto asesino. Digo «presunto», porque asumí esa visión para contar mi historia. Una madre es incondicional. Su amor no tiene barreras.

—Señores, yo no escribí la obra.

—Pero, ¿tú crees que se redime? —me preguntaban.

—Yo soy la madre —les decía—. Desde mi punto de vista, mi amor por mi hijo es incondicional.

Y la historia también tenía sus atenuantes. Este era un niño maltratado por su padrastro, un niño al que amenazaban de muerte cuando estaba en la calle, le daban palizas. La pandilla se ofreció a darle protección. Trágico destino. Y más trágico es que todavía sucede.

Paul se acordaba de la historia porque sucdió cuando él era muy joven. La investigó por diez años. Viajó a Puerto Rico, conoció a los familiares, fue a los orfanatos donde estuvo Salvador. Escribió el guión con Derek Walcott, Premio Nobel de Literatura, y como consecuencia, el lenguaje era muy abstracto, muy poético, y si no conocías la historia, era difícil seguirla. En los encuentros con los grupos de jóvenes de escuelas públicas de la ciudad, nos dimos cuenta de una realidad: ellos sí entendían.

«Sí, tomó las decisiones equivocadas, pero yo entiendo», es una frase que escuché a menudo. Para algunos, era la primera vez que asistían a una obra musical.

Una vez se me ocurrió preguntar al grupo que nos visitaba:

—¿Cuántos de ustedes conocen a alguien o tienen a alguien que ha estado en la cárcel?

Casi todo el mundo levantó la mano. ¡Que tristeza! Ellos, aun siendo tan jóvenes, entendían. Algunos lloraban. Por primera vez, se podían ver reflejados en una historia y el alcance que puede tener una mala decisión en tu vida y la de los tuyos. Te hacía pensar. A nosotros también. Y si la obra servía para evitar que un solo niño cayera en las garras de la mala vida, todo el esfuerzo valía la pena.

Para mí, fue una experiencia increíble. Alquilé un apartamento en Broadway, al lado del Lincoln Center, y me sentía muy cómoda. Yo creo que en otra vida fui neoyorquina porque en Nueva York me siento como en casa. Caro vino conmigo, y por primera vez la saqué de Puerto Rico por un lapso largo de tiempo. Tomaba las clases del colegio en casa o en el teatro, igual que los niños actores. Luis obviamente seguía trabajando en Puerto Rico, pero viajaba todos los fines de semana a pasarlos con nosotras.

Fue maravilloso, y aprendí mucho de mí misma. Nunca había trabajado en grupo y como parte de una compañía. Tampoco me había adentrado en interpretar a otra persona que no fuera yo misma. Aquí, yo no era Ednita. Pero con esa señora, de alguna manera, tenía unos puntos de conexión poderosos, porque veníamos del mismo país y cultura, aunque de épocas y puntos de vista totalmente distintos. Pero yo la entendía. Ademá una madre es una madre.

Pero para mí fue un gran reto. Fue, de verdad, una clase maestra en todos los sentidos. Aquí, en lugar de ser yo la cabeza de todo, era parte de un equipo muy diverso y muy talentoso donde la estrella es la obra, el que manda es el director y nosotros somos los peones en un juego de ajedrez.

Durante ese año, me corté el pelo muy corto por las pelucas que usaba en el show. Era la única protagonista que tenía que hacerlo. Cuando entraba al teatro, era Ednita con mis botas, mis jeans ajustados y mi chaqueta de cuero. Al final del show, llevaba puesta una peluca de color oscuro y canosa, la que usaba en la última escena de la obra. Antes de salir del teatro, me quitaba la peluca y el maquillaje. Era gracioso porque la gente no me reconocía.

Se aglomeraban a la salida del teatro, esperando que salieran los actores, y me miraban por encima de la cabeza. A Marc y a Rubén sí los reconocían, pero a mí no, porque no parecía yo. Muchas veces me tocó que algún puertorriqueño dijera: «¡Ednita!» y me detuviera para firmar el programa o tomarme una foto.

Y los americanos preguntaban:

—*Who is she?*

—*She's the mother*, es la mamá —contestaban.

—¡No puede ser! —exclamaban.

Lo cierto es que ni yo misma podía reconocerme.

Cuando nos llegó la noticia de que el show cerraría, lo recibimos como un gran golpe. Pero ya lo sospechábamos y se veía venir. Teníamos la esperanza de seguir, pero no fue posible. La controversia ganó. Después del último show, nos fuimos a cenar a un restaurante cercano, todo el elenco y parte de los técnicos. Nos reímos muchísimo, pero también lloramos.

Mi hija estaba inconsolable. Se acababa la obra y ella se había hecho amiga de todo el mundo. Además, como había niños en la obra, se hizo amiguita de ellos. Hubo un par de noches en las que Paul la dejó cantar en la obra, en un par de escenas donde había un coro de niños. Además de ser una experiencia hermosa para mí, lo fue para Caro, quien, también a su manera, tuvo su momento en Broadway. Pero no era eso por lo que lloraba mi Caro. Se había encariñado con todos y hasta le celebramos su cumpleaños número diez en el teatro, un día entre funciones. Fue sorpresa y vinieron todos. ¡Hasta Paul!

Tiempo después de terminar *The Capeman* presenté mi concierto en Carnegie Hall, e invité a muchos de mis compañeros de la obra. Fue un momento especial por tantos motivos. El principal fue pisar otro escenario mágico en Nueva York. Era un sueño hecho realidad: la tercera parte de mi triple corona.

24

LA VIDA DESPUÉS DE *THE CAPEMAN*

Después de *The Capeman*, me mantuve en contacto con Paul, con quien tuve siempre una magnífica relación. Trabajar junto a él fue una experiencia inolvidable. Paul es un genio, un ícono de la música y para mí fue un honor conocerlo. Se portó extraordinariamente bien conmigo y la experiencia fue tan positiva que me llamaron para hacer otros papeles: *Evita*, que regresaba a Broadway, Dulcinea en *Man of La Mancha*. También me pidieron que audicionara para *Mamma Mia*.

Pero para mí representaba un sacrificio demasiado grande el no poder trabajar, estar lejos de mi casa y, en aquel entonces, alejarme de mi papá, que estaba enfermo. Carolina estaba estudiando, y dejarla sola o volverla a traer por un período tan largo tampoco tenía sentido.

Al mismo tiempo, eran compromisos de un año o año y medio, y yo ya estaba envuelta nuevamente en mi carrera de grabación pues acababa de firmar con Sony.

Precisamente, cuando salí de Broadway entregué mi último disco para EMI, estábamos buscando la posibilidad de expandir el mercado y EMI pasaba por unos procesos de restructuración interna conentrándose más en la música regional mexicana. Muchos de los esfuerzos económicos de la disquera estaban más enfocados en ese mercado que en el de música pop.

Ángelo opinó que quizás sería mejor que me fuera con otra compañía que tuviera otra visión. Tuvimos varios acercamientos, y el que más nos hizo sentido a Ángelo y a mí fue Sony, y firmamos con ellos.

Mi primer disco con Sony se llamó *Sin límite*. Fue ahí cuando trabajé por primera vez con Tommy Torres. Yo no lo conocía pero apenas escuché su música, lo pedí. Estaba en la oficina del presidente de la compañia cuando escuché un demo que me llamó mucho la atención y le pregunté quién era.

Me dijo que era un muchacho puertorriqueño que habían firmado pero que no estaban haciendo nada por el momento.

—Pues yo quiero trabajar con él —le dije.

—Es muy bueno, pero no tiene experiencia produciendo solo —me dijeron.

—No importa, quiero trabajar con él —le dije.

—Podemos colocar alguien que le ayude, un coproductor —me dijeron.

—No —le dije—. Eso que escucho es lo que quiero para mí nuevo proyecto.

Y así fue.

Lo que quería era un sonido bien fresco y contemporáneo. Era un sonido bien lindo y sus canciones eran preciosas. Me dieron «luz verde» y Tommy me produjo tres o cuatro temas. Desde entonces seguimos trabajando juntos. Tommy se ha consagrado como solista y también como compositor y productor. Pero la primera grabación como productor que hizo Tommy fue para mí, y eso me da gran orgullo.

La primera vez que conocí a Tommy en la oficina de Sony salimos a almorzar. Era bien, bien tímido y casi ni hablaba. Pero en el estudio era un genio, y hoy es uno de mis mejores amigos. Siempre lo consulto aunque no sea mi productor, y él a mí. Yo le digo que es mi marido musical, y pienso que es un genio. Su capacidad creativa lo coloca entre los más grandes.

Sony me ha dado la oportunidad de trabajar con productores y compositores excelentes. He trabajado junto a gente maravillosa como George Noriega, Sebastián Krys, Andrés Saavedra, Lee Levin, Dan Warner, Iker Gastaminza y otros.

He podido explorar y experimentar y vivo constantemente en el proceso de la búsqueda. Soy camaleónica y me gusta integrar a mi música cosas diferentes que me ayuden a expresarme.

Ser relevante por tantos años no es fácil y no hay nada específico que me lo haya permitido. Pero sí diré que no le tengo miedo a los cambios. Tengo una necesidad como artista, como músico, de vivir el proceso creativo, de evolucionar y crecer. De no dejarme encasillar. Esa energía vital que es parte de mí, es la que me mantiene apasionada con lo que hago. Es ese deseo de expresarme, de conectar a través de un lenguaje que, para mí, es atemporal: la música. Es contar historias que sirvan de algo en la vida de los que las escuchan. Es poder ser mensajero, emisor, receptor, cómplice, consuelo, espejo. Y desde que nacemos hasta que morimos, alguna canción tocará nuestra fibra y nos hará sentirnos vivos.

25

EL PROCESO DE GRABACIÓN

En mi carrera he grabado veintiocho álbumes de estudio además de compilaciones y varios conciertos en vivo. Y me cuesta decir cuál es mi favorito.

Es difícil catalogarlos. Con KC Porter hice álbumes muy importantes para mi carrera: *Lo que son las cosas*, *Pasiones*, y con Robi Draco Rosa, grabé *Corazón*. Queríamos experimentar con nuevo sonido y con Ángelo, decidimos que la persona idónea para esto era Draco.

Fue una de las experiencias más interesantes que he tenido en toda mi vida: intensa, compleja, divertida. Draco nunca había trabajado con una mujer. Venía de producir con Ricky Martin y de hacer lo suyo, y estaba abierto a la idea. Por supuesto, yo lo conocía desde Menudo y éramos amigos.

Pero trabajar con él fue una experiencia totalmente diferente. Yo venía de hacer varios discos con KC quien me conocía bien. Éramos muy afines en el estudio y eso facilitaba el trabajo.

Draco, como productor, era más caótico, más espontáneo, visceral y quizás por eso me pareció tan interesante. Nos respetábamos, pero ese proceso inicial de intuirnos, de conocernos musicalmente, de yo conocer su lenguaje en el estudio, de experimentar, fue un poco más largo.

Al final, *Corazón* me gustó mucho. Probé diferentes cosas, sonidos distintos a los que ya conocía. Fue más orgánico. Nos dejamos llevar por las tomas que nos hicieran poner la piel de gallina. Grabé un tema que me compuso Draco: «Más grande que grande». Pero también incluí canciones de Luis Ángel, de Claudia Brant y de otros tantos. Era un repertorio muy variado.

Al principio, el proceso con Draco era agotador. Podríamos estar haciendo una toma, y me pedía que la repitiera una y otra y otra y otra vez.

—¿Qué es lo que buscas? —le preguntaba yo.

—Cuando lo escuche, lo sabré —decía.

Nunca se sabe qué es lo que va a funcionar en un estudio. A veces la voz está demasiado limpia. A veces, el cansancio le da el color que necesita la canción. Me pasó una vez con Tommy. Estaba muy cansada a la hora de grabar, y cuando terminamos me dijo:

—Prométeme que la próxima vez que vengas al estudio vas a estar igual de cansada.

Hay algo en mi voz cuando no he descansado mucho que le gusta a los productores. A veces lo que se escucha del otro lado es lo que se está buscando. Por eso hay que tener mucha confianza en el productor.

Ahora, por ejemplo, estoy trabajando con George Noriega y me encanta. Al igual que Draco, tiene un estudio alejado de Miami que es mágico.

Me toma una hora llegar hasta allá. Manejo yo sola y por el camino repaso lo que voy a hacer. Voy desintoxicándome de la ciudad y entrando a la zona de la música. Cuando trabajo en el estudio somos solamente el productor, el ingeniero y yo. No me gustan las visitas. Soy muy posesiva con mi espacio en el estudio. Funciono mejor en esa soledad y no por ninguna razón en particular, sino porque sencillamente me acostumbré a hacerlo así. Pienso que todo lo que te hace sentir bien es importante a la hora de grabar, porque todo lo que sientes se refleja en esa grabación: tu felicidad, tu tristeza, tu indiferencia, todo queda plasmado para la posteridad.

Esa es la naturaleza de la música. La música es arte. El arte es expresión. La expresión debe ser libre. Trae consigo caos, armonía, creatividad, luz, oscuridad, es una manifestación de las emociones. Para mí las emociones no tienen por qué tener una dirección específica. Por eso me gusta todo tipo de música. Lo mismo puedo ir a un concierto de reggaetón y lo disfruto mucho, o puedo ir a la ópera, o puedo escuchar un grupo de rock alternativo. A mí la música me fascina, y me fascina por eso. Porque es una expresión natural y hermosa de la sensibilidad de la gente.

Pero mi forma favorita de expresarme musicalmente es a través del pop. Es donde me siento más real y más genuina. No es que sea mejor o peor, es una cuestión de gustos. La música pop contemporánea tiene la particularidad de no desaparecer; simplemente se viste de otra forma dependiendo de la época. Además, es un género muy amplio en sus posibilidades. Sobre todo, el pop en español, que se nutre de fuentes tan diversas.

Escogí la música pop porque me encanta. No quiere decir que no pueda cantar otros géneros. Creo que con un buen productor, un buen cantante puede interpretar casi cualquier cosa. De que conecte conmigo como para hacer un proyecto completo, ya es otra historia.

26

LA MUERTE DE MI PADRE

En su edad madura, Papi era bastante enfermizo. Tenía problemas de los pulmones y padecía de enfisema, aunque nunca fumó. Su agilidad mental era impresionante, pero siempre vivía bastante quebrantado de salud. Era un hombre muy amigable, muy gregario, pero cuando su salud empeoró dramáticamente por sus problemas pulmonares, me lo llevé a vivir a mi casa.

Un tiempo después de la muerte de mi mamá, Papi se mudó al edificio donde yo vivía. Cuando su salud empeoró decidimos que era mejor que viviera con nosotros.

A los dos años de estar conmigo comenzó a tener una serie de síntomas extraños, movimientos involuntarios en los dedos de su mano y problemas de balance. Lo mandamos a que se hiciera una serie de exámenes, y el diagnóstico fue Párkinson.

Padeció de esa enfermedad por seis años. Al principio, el deterioro fue bastante lento. Se podía mover bien, caminaba y manejaba. Era independiente. Pero poco a poco empezó a perder movilidad. Fue horrible para todos nosotros ver a un hombre tan vital deteriorarse de esa manera. Afortunadamente, Papi era una persona bastante sedentaria; a él le gustaba la lectura, escuchar música, la conversación. Digo afortunadamente, porque cuando empezó a tener problemas motores,todavía podía hacer muchas de las cosas que disfrutaba.

A raíz de eso volví a disminuír los viajes, a no ausentarme tanto tiempo para estar cerca de él. Inicialmente no le habíamos dicho que tenía Párkinson. Pero mi papá era brillante y por el tipo de medicamento que le recetaron, se dio cuenta de lo que le sucedía. Yo le decía que eran síntomas parkinsonianos pero que no era Párkinson. Pero ya él sabía qué tenía.

El Párkinson es una enfermedad muy cruel, porque no solamente es física. También trae consigo una depresión severa, sobre todo en las tardes y para Papi, esto fue devastador.

Mientras pude, yo lo llevaba a todas partes y viajamos mucho. Le encantaba pasear y me lo llevé hasta en un crucero. Traté de darle la mejor vida que pude mientras tuvo movilidad. Eventualmente no pudo moverse mucho de la casa. Nos tocó contratarle personas especializadas y enfermeros. Vivíamos justo al lado del hospital y cuando le daban episodios de problemas respiratorios, llegábamos inmediátamente.

Don Naza era el apodo de mi papá. Le decíamos que era el alcalde del hospital porque todo el mundo corría a atenderlo. No tenía que hacer fila y los propios médicos que lo atendían venían a la casa. Yo trataba de consentirlo lo más posible, le llevaba serenatas, le compraba los discos que le gustaban. Le di toda la atención que pude y trataba de no ausentarme mucho porque no quería estar lejos y que le pasara algo. Era mi mayor temor.

Durante todo esto, el apoyo de Luis fue incondicional. Fue como un hijo más para mi papa y lo lloró como si lo hubiese sido. A los ojos de Papi, Luis fue el hombre que por fin me hizo feliz, y Luis siempre reciprocó ese cariño. Estuvo todo el tiempo ahí con él, cuidándolo y apoyándome.

Dentro de todo, mi papá tomó su enfermedad con mucho aplomo y serenidad. Y me atrevo a decir que hasta con una dosis de humor Me decía que ya estaba preparado su viaje sin regreso, que cuando él tuviera su momento, lo dejáramos ir. Como hombre inteligente, firmó todos los papeles y estableció directrices muy claras: si tenía una crisis y la intervención le permitía seguir con calidad de vida, la autorizaba; pero si era una cuestión de mantenerlo entubado, vivo artificialmete para prolongar su agonía, no. Papi no quería que se llevaran a cabo medidas heroicas para salvarle la vida. Ese era el término clave. No medidas heróicas. DNR.

Y gracias a Dios, lo decidió él. Meses antes de su muerte, ya estaba loco por irse de este mundo y estar con mi mamá. Me decía que la sentía cerca y hasta hablaba con ella.

El Día de Acción de Gracias, mientras estábamos en media cena, tuvo un episodio y salimos corriendo al hospital. Ya para ese entonces mi papá estaba prácticamente incapacitado y los doctores nos habían dicho que los próximos meses se le iban a ir complicando más y más. Incluso le habían hecho la extremaunción dos veces antes, pero salía de la crisis, para sorpresa de todos. Los médicos le decían Lazario porque se volvía a recuperar.

Esa vez fue diferente. Yo estaba en el salón de cuidados intensivos con él, porque siempre me dejaban entrar y los doctores me permitían quedarme a su lado por las noches cuando se ponía grave. Ésta vez me dijeron que Papi no saldría, que en realidad ya estaba en coma y que los movimientos que hacía eran reflejos automáticos.

Pero yo sentía que sí estaba conmigo.

Le ponía mi mano y me la apretaba. Me recostaba a su lado o

posaba mi cabeza sobre su pecho y le cantaba los boleritos que tanto le gustaban... Y le decía: «Papi, tranquilo, estoy bien, estamos todos bien, vete tranquilo, ya cumpliste. —Le repetía mucho—: Dios es bueno, Dios es bueno. Vete tranquilo».

Y en un momento dado, lo bajaron a una habitación para que estuviera más accesible a la familia. Fui con Carolina a verlo. Algo era distinto. Lo sentimos las dos a la vez: «Ahora sí». Estaba la familia casi completa y algunos de sus amigos más cercanos. Mi hermano mayor regresaba de un viaje y llegaría esa madrudada. Nos fuimos a un jardín interior que tiene el hospital y nos tomamos de manos e hicimos un oración.

Tenía ochenta y tres años cuando falleció. Vivió una vida larga y plena. Tuvo una niñez difícil, pero una vida hermosa. Fue un hombre afortunado, con una mujer que lo amó con toda el alma. Nosotros, sus hijos, éramos todos adultos. ¿Qué más se puede pedir? Hasta alcanzó a conocer un biznieto.

Puedo decir que fui muy buena hija. Mis hermanos también fueron buenos hijos, pero yo era su única nena. Le prometí a mi mamá en su lecho de muerte que nunca lo iba a dejar solo, y me siento feliz y tranquila que cumplí mi promesa.

Durante los veinte años que sobrevivió Papi a mi mamá siempre estuve. Siempre. Tuve la satisfacción de poder cuidarlo y proveerle los recursos para que tuviera una vida cómoda en su enfermedad. Pero a pesar de que su muerte era esperada, anunciada y ya todos sabíamos lo que se venía, a mí me afectó muchísimo.

Me tomó por sorpresa lo duro que me dio la muerte de mi padre. Entendía que tenía la resignación, la aceptación de que él había cumplido su ciclo y que no merecía sufrir más, porque era espantoso ver a un hombre tan dinámico, tan inteligente consumido y atrapado en un cuerpo que no le servía para nada.

Además, ya quería irse. Intelectualmente, yo entendía todo lo que estaba sucediendo. Había llegado el momento de su partida y ya no sufriría más.

¡Pero era mi papito! Yo me sentía como una niña de tres años que quiere a su papá. Estaba rodeada de todo el mundo, pero quería a mi papá. Y esa sensación de vacío y abandono —de «¡soy huérfana!»— después de haber tenido una relación tan estrecha con ellos dos, me tomó por sorpresa.

Después de la muerte de Papi no pude seguir en el apartamento. Eran dos apartamentos en uno. Vendí la parte donde él vivía y me quedé con la parte de arriba. Me dolía mucho ir. Cada vez que entraba por el pasillo, caminaba automáticamente en dirección a su casa.

Muchas veces le pregunté:

—Papi, ¿soy buena hija?

—Tú eres mi ángel —me decía.

—¿Soy buena madre?

— Eres la mejor madre.

—Si Mami hubiese estado... —decía yo.

—Si tu mamá hubiese estado —me interrumpía Papi—, tú no hubieras sido la madre que eres.

Esas eran las conversaciones que yo quería tener con él antes de que se fuera. Cuando yo tenía unos dieciséis años, a una vecina que era hija única, se le murieron los padres uno tras otro. Mi cuñada Cecilia era muy amiga de esa vecina. Ceci me contó que su amiga le había dicho que estaba en paz. Que una de las cosas importantes que logró fue que no se le quedó nada pendiente. Las conversaciones que quiso tener, las preguntas que les quiso hacer, todo lo pudo compartir con ellos antes de su viaje.

Esa historia me tocó muy hondo, y cuando Mami enfermó, nosotras hablamos mucho de todo y le pregunté de todo. Y con mi papá igual. No se me quedó nada pendiente.

Cuando ella murió, se me fue lo más grande —mi mamá— y llegó lo más grande —Carolina— en menos de un año. Con Papi no sucedió lo mismo. Se me fue lo más grande y me quedó nada. Papi me enseñó a ser madre. Él fue quien me enseñó a bañar a mi hija, a alimentarla, todas esas cosas me las enseñó él.

Esa conexión con mi papá era grande. La más grande. Y sé que en cierto modo él no se quería ir porque no nos quería dejar «solas», sin él. El gran Don Naza. Qué personaje irrepetible.

27

LA DEPRESIÓN Y LA HIJA
QUE ME SALVÓ

Los primeros dos años después de la muerte de Papi fueron terribles.

El tiempo había pasado y los roles habían cambiado. En los últimos años yo le dedicaba un espacio grande de mi vida y mi energía a mi papá... y de pronto, de un día para otro, ya no estaba. Me quedé con un espacio enorme por llenar. Me tomó mucho tiempo acostumbrarme y caí en una profunda tristeza. Estaba deprimida.

Como si estuviera predestinado, a los diez días de la muerte de Papi tuve que hacer una presentación. Había un evento de una emisora que siempre me respalda mucho y yo no podía faltar. Cuando Mami murió, a los diez días tuve que hacer un show para el Día de las Madres. Y en esa ocasión, con el corazón partido, le dije a Papi que no me sentía capaz de ir a cantar. Entonces él me dijo:

—Sí. Tú vas a cantar y va a ser el mejor show de tu vida porque se lo vas a dedicar a tu madre. Nada le gustaba más que verte cantar.

Esta vez, habiendo perdido a mi papá hacía tan sólo diez días, también tenía que cantar. Y escuché su consejo. Escuché esa vocecita que decía: «Ve. Ve».

Porque él era tan feliz cuando yo cantaba. Se le iluminaban los ojos cuando me veía en el escenario. Siempre era muy especial.

No se cómo, pero esa noche agarré fuerzas y fui al evento.

—Ni sé ni como estoy aquí —le dije al público—. Yo sólo sé que necesito un abrazo. No sé cómo pero aquí estoy, porque esto es lo que a Papi le encantaba: verme cantar.

Y después de eso vino mi temporada en el «Choliseo», como algunos cariñosamente llamamos al Coliseo de Puerto Rico. Era una serie de tres shows que estábamos grabando para hacer un proyecto CD/DVD. Fue una experiencia muy complicada para mí porque yo no me sentía presente: mi cuerpo estaba ahí, mi mente no. Pero se hizo, y gracias a Dios estaba Ángelo y todo este equipo maravilloso a mi alrededor quienes lograron armar el show sin yo siquiera haber hecho la lista final de canciones.

Siempre me involucraba en todos los detalles de las presentaciones, y en esta ocasión no pude. Pero era mi equipo, mi gente, y me conocían muy bien. Diez días antes del show entregué la lista de canciones. Eso puede ocasionar muchas dificultades a un equipo de producción, que diez días antes entreguen el *rundown*. Les tocó desvelos a muchos para lograrlo, y yo ni me di cuenta. Hice tres shows, llenos a capacidad, con un público extraordinario y un equipo de trabajo de primera, y no recordaba nada.

Después de esa temporada, me fui de Puerto Rico a descansar. Varios días después pude ver el pietaje del show que se había filmado para el DVD. Qué susto tan grande pasé porque cuando comenzé a ver las imágenes para aprobarlas: no recordaba casi nada.

—¿En qué momento hice eso? —preguntaba. Era como ver una película por primera vez. Pero con la particularidad de que yo era el personaje principal. Me encontraba con gente que me decía que había estado en mi camerino y no me acordaba. Me quedaron sólo momentos esporádicos. Fue una experiencia que no viví del todo.

A pesar de todo eso, quedó espectacular. Por eso digo, Dios mío, gracias, porque hay una fuerza, una energía, que en los momentos más oscuros de mi vida, me hace vivir; aunque esté muerta, me da vida. Y puedo cantar, puedo bailar y puedo hacer feliz a la gente aunque después me vuelva a morir. Es algo que no me puedo explicar. Es como una medicina para el alma que me alivia cualquier sufrimiento, una catarsis.

Pero aún así, con todo y que tengo ese maravilloso regalo del cielo que es mi música, mi corazón todavía está sanando tras la pérdida de Papi. Todavía lo lloro. No me entristece llorar por él, se lo merece. Y lo pienso todo el tiempo, lo llevo en mi mente y mi corazón, como a Mami. Cuando estoy ante un dilema me pregunto: «¿Qué diría mi papá?».

Todavía me parece ver a Papi sentado en la sala, con el equipo de sonido a todo volumen, escuchando música clásica o boleros, o en silencio con un libro en mano. Le encantaba leer.

Mi papá era muy refranero y a veces me encuentro diciendo las cosas que decía él. Pienso en los dos —en mi mamá y en mi papá—, pero él vivió más tiempo conmigo y el lazo que formamos por la experiencia de Carolina fue bien especial. Se que Caro nunca lo olvidará.

Desde chiquita me acostumbré a que todo lo que me sucedía se lo contaba a él, esa parte ya no la tengo. Le encantaba que le describiera los sitios que visitaba: «Nena, mándame fotos», me decía siempre.

Después del concierto y de la salida del disco empecé a sentir menos y menos ganas de hacer cosas. Siempre es así cuando baja la euforia del suceso y del público. Pero esta vez bajaba mucho más hondo. Decidí quedarme en Miami un tiempo. No quería estar en casa porque no conciliaba la ausencia de mi papá.

Me considero una persona fuerte y positiva, pero en esos momentos sólo veía el vaso medio vacío, no medio lleno. Tenía a mi hija, mi carrera, mi marido, pero la ausencia de Papi me tenía destruida. Y por más que lo hablaba y lo trataba de manejar, no lo podía superar. Traté de hacer cosas distintas con mi vida, pero empecé a buscar excusas para no salir y no ver gente. Obviamente seguía trabajando y cuando tenía que hacer shows me ponía lo que yo llamo la «pintura de guerra» y hacía lo que tenía que hacer. Pero mi vida no era balanceada y mi hija fue la que se dio cuenta. Mi hija, que ha sido mi bendición y mi razón.

Caro es hija única y su posición no siempre es fácil. No quiero que todo este amor que siento por ella sea opresivo. Pero quiéralo o no, mi hija es mi gran apoyo, mi gran sustento. Y en esta ocasión, ella fue la que vino a mi rescate.

Caro estaba estudiando sicología. Y un día, estando en la sala de mi casa me sentó y me dijo:

—Mami, tenemos que hablar. Tú sabes que yo te conozco bien y que eres lo más importante en mi vida. Pero yo quiero que sepas que tú estás mal. Que tú tienes una depresión fuerte y si no te atiendes te vas a enfermar peor.

—No, estás exagerando, te aseguro que no tengo nada —le dije.

Ella me insistió y me empezó a enumerar todas las señales que veía.

—Esto no es culpa tuya y no es algo que tenga que ver con falta de voluntad —me dijo—. Esos son prejuicios que tiene la gente. Pero tú tienes una depresión fuerte y necesito que te atiendas. Si no lo puedes hacer por ti, hazlo por mí.

Hablé con Ángelo, y él me sugirió una buena terapista que conocía en Miami; una mujer maravillosa. La empecé a ver, y efectivamente estaba deprimida. Comencé primero con un siquiatra y luego con un sicólogo.

Al principio no sentí una diferencia, pero la terapia sí me ayudó porque me permitió verbalizar muchas cosas que tenía adentro. Y lo más bonito de todo, si se puede decir «bonito» dentro de esta situación, es que la crisis me ayudó a ver lo afortunada que soy. Que a pesar de todo lo que me ha pasado, soy una mujer que ha tenido una vida maravillosamente plena y tengo que darle gracias a Dios por los padres que tuve, por la crianza que tuve, por los problemas que tuve; por todas las estupideces que hice en mi vida porque me permiten ser la mujer que soy ahora. Hoy tengo salud y amor. Tengo a mi hija, mi esposo, amigos maravillosos y una carrera que me ha dado más de lo que pude haber soñado.

Estuve en tratamiento como dos años y de vez en cuando me doy mi vueltecita para mantenerme en ruta. Eso no está de más. Yo no soy la Mujer Maravilla, y al ser tan sensible, ese cambio tan fuerte me agarró duro. Por eso, siempre que veo a alguien pasar por un momento difícil le digo: «Busca ayuda». Dios ayuda, pero hay cosas que están fuera de nuestro control o de la fuerza de voluntad. Cuando es un evento catastrófico, como lo fue en mi caso, se puede llegar a convertir en algo clínico.

Quería salir de eso. Luis me apoyó mucho. Él no lo entendía bien, pero me apoyó y fue muy paciente. Es una de esas condiciones que mucha gente no entiende.

Hay que recordar que una cosa es la depresión y otra es la tristeza. La tristeza es un evento ocasional que puedes superar. En la depresión ya hay un desbalance químico, y eso lo aprendí. Lo aprendí primero con mi papá y después conmigo misma, porque lo viví .

Conocía la depresión clínica por mi papá, y en su momento tuve que leer bastante del tema. También he tenido personas cercanas en mi vida que padecieron lo mismo y estaba bien informada. Pero jamás en mi vida pensé que me iba a pasar a mí. Aún con todo lo que me estaba pasando, no lo reconocí. Amanecía y no quería ni salir de la cama ni vestirme, pero se lo achacaba a la tristeza o al cansancio. No me daba cuenta del tiempo que llevaba en esa situación, porque lo justificaba con eso.

Uno cae en una zona de confort. Mi vida cotidiana estaba funcionando, estaban mi esposo y mi hija, y todo marchaba de alguna forma. No estaba cancelando eventos ni obligaciones. Lo único diferente era que a veces podía estar veinte horas durmiendo y para mí, eso llegó a ser normal. Es muy difícil que uno mismo se dé cuenta de lo que pasa, pero cuando tú cambias tu patrón de vida —si por ejemplo eres una persona extrovertida y cambia tu forma de ser—, eso es una señal de alerta.

La terapia funciona, pero tienes que estar receptivo a la ella. Y para estar receptivo, a veces te tienen que estabilizar un poco con medicamentos. Una vez que llegas a esa etapa, la terapia lo sustituye. En mi caso fue así. Tomé los medicamentos y me fueron bajando la dosis hasta que quedé solo con la terapia.

Creo que debemos desenmascarar el mito aquel de que una persona que va al siquiatra está loca, pues es todo lo contrario. La primera señal de supervivencia de una persona que está deprimida o está mal es buscar ayuda. Y para eso están los profesionales de la salud mental.

Sin embargo, todavía tenemos ese estigma en nuestra sociedad. Y desafortunadamente mucha gente no busca ayuda por no querer contar sus problemas a nadie. Pero eso no es así. Cada persona es un mundo y cada tratamiento es diferente. Y obviamente hay sicólogos buenos y malos, y siquiatras buenos y malos, como en todas las profesiones.

En lo personal, la mejor decisión que tomé en mi vida fue ir. Y se lo debo a mi hija y a sus palabras: «Si no lo haces por ti, hazlo por mí».

Al buscar tratamiento, encontré la salida y el porqué de mis tristezas, el porqué de las lagunas. Entendí cómo el cerebro se protege cuando pasa por momentos difíciles: borra ciertas experiencias. Por eso, cuando tienes un accidente muchas veces no recuerdas lo que sucedió. Es la forma que tiene el cuerpo de protegerte.

Pero quizás lo más valioso es que me di cuenta, una vez más, de la importancia de la familia y los verdaderos amigos. De no haber tenido a mi hija, y mi esposo pendientes de mí, quién sabe qué hubiese sucedido. A amigos como Chris Lee, nunca tendré palabras suficientes para agradecerles su apoyo y amistad. Amigos que te dan su hombro y su corazón como Raymond Collazo.

Muchas lecciones aprendí. Que no podía tratar ser todo para todo el mundo todo el tiempo. Por tantos años, yo misma me había impuesto el rol de matriarca, dictando que toda la responsabilidad siempre era mía, y que tenía que ser fuerte, inquebrantable. Mi experiencia me hizo ver que era vulnerable, humana, como todos. Me hizo ver que yo también necesitaba apoyo y que tenía que aprender a pedir ayuda. Me hizo ver que si no me cuidaba, me podía partir en pedazos.

28

UN NUEVO COMIENZO

Algo que descubrí a través de la terapia es que soy más frágil de lo que yo pensaba, y a mismo tiempo más fuerte de lo que pensaba. Llegué a una parte de mi humanidad que nunca había accesado antes. Me conecté con la niña interior, la rescaté y nunca más la alejaré de mí. Aprendí la diferencia entre debilidad y vulnerabilidad. No soy débil, soy vulnerable. Humana y sensible. Aprendí a ponerme y quitarme la capa de Superwoman —porque hay veces que uno se la tiene que poner y otras se la tiene que quitar— y aprendí a pedir ayuda.

Toda la vida he sido independiente y autosuficiente. Y descubrí que hay momentos en los que uno tiene que aceptar un hombro sobre el cuál descansar. Aunque yo estaba rodeada de gente dispuesta a ayudarme, no los quería cargar con el peso de mi tristeza ni mis problemas.

Yo soy una empresa y siempre he vivido con esa presión encima. Es algo que mis papás me recordaban. Mi mamá siempre decía:

«Acuérdate que los músicos tienen familia y obligaciones qué cumplir», y eso se me quedó tan fuertemente grabado que nunca lo puedo dejar a un lado. De hecho, a veces no me he tomado el tiempo que he debido, porque eso implica no trabajar... He tenido breves momentos con ganas de desaparecerme un tiempo. Pero no lo he hecho. Nunca he parado.

El tipo de carrera que escogí después de que nació Carolina es de mucha presión, pero también me he preocupado por abrir espacios. No son largos. Pero me tomo respiros de una o dos semanas, y tengo unos lugares donde me escondo: un par de rinconcitos del mundo donde suelto la presión y no hago nada.

Pero jamás, en toda mi vida, me he tomado seis meses libres, por ejemplo. Nunca. Pero sí tengo que hacer pausas. Mi vida no es sólo mi trabajo. Tengo grandes amigos y me encanta pasar tiempo con ellos. Yo busco válvulas de escape que me permitan manejar mejor la presión del trabajo.

Ahora estoy en una etapa de mi vida donde me siento bien plena. Soy lo suficientemente famosa como para sentirme validada en estos más de cuarenta años que llevo cantando. Y soy lo suficientemente anónima como para poder disfrutar de la vida y caminar por ahí sin necesidad de guardaespaldas. Tengo ese balance.

Ese balance, precisamente, me llevó a sentarme en 2015 a reevaluar mi carrera y hacer cambios tanto pequeños como grandes, empezando por mi look. Por primera vez en mi vida me puse una peluca para cantar. Es rubia platinada, de pelo largo, liso y hermoso. Fue algo que hice casi sin pensar, sencillamente para divertirme un poco. Uno de mis traumas a la hora de actuar siempre ha sido mi pelo, porque soy demasiado activa y emotiva en el escenario, sudo mucho y mi pelo se vuelve un desastre al poco tiempo de comenzar el show. Y un día se me ocurrió comprar una peluca. Si lo habían hecho Celia Cruz, Beyoncé, todo el mundo, ¿por qué no yo?

Pero el impacto de esta peluca rubia platino ha sido más que cosmético. ¡Me encanta! Me encanta mi peluca. Es una reafirmación de esa otra persona que soy cuando me subo al escenario. Es tan curioso y hasta gracioso: yo puedo estar súper relajada, me pongo la peluca y me convierto en alguien más. Hasta que me canse, porque seguramente me cansaré de esa peluca, y una vez más, me transformaré en otra.

Pero el cambio más grande ha sido en mi manejo. Llevaba ya muchos años con Ángelo y sentía que era el momento de buscar una nueva dirección, una nueva visión. Ángelo había sido mi ángel guardián tantos años, y él también buscaba cosas distintas. Hablé con él y decidimos tomarnos un *break*, como dicen. Él se iba a enfocar en otros negocios y yo estaba lista para darle otro vuelco a mi carrera.

Empecé a buscar nuevo mánager, y una de las personas que se acercó a mí fue Bruno del Granado, a quién conocía por muchísimos años y que manejó la carrera de Ricky Martin. Bruno tenía experiencia con artistas internacionales y su visión era lo que necesitaba. Acababa de asumir la gerencia de la oficina de manejo y promoción en Miami de CAA, una de las agencias más grandes del mundo. Me gustó mucho su entusiasmo y su visión, y empezamos a trabajar juntos. Uno de los primeros proyectos que me planteó fue escribir un libro sobre mi vida y mis experiencias.

—¿Un libro? —le pregunté sorprendida—. ¿De qué voy a hablar en un libro?

Y así fue cómo me senté a escribir.

29

LA FAMA Y LA RELEVANCIA

Colocar tu vida sobre papel te obliga a hacer un recuento de los errores. Pero también de los aciertos. Y en una carrera tan larga como la mía, mantenerme relevante por tantos años ha sido mi mayor logro.

Una de las cosas que aprendí temprano en mi vida es que la fama es efímera. Hay momentos de alta visibilidad, otros de baja visibilidad y otros de invisibilidad. Hay momentos de número uno, momentos del *top ten* y momentos en que no apareces ni en los radares. Y así es la vida. Y eso está bien.

¡Ay del que se crea su propia novela!

Gracias a todo lo que me ha pasado, he aprendido mucho de mí. Aprendí a conocerme, a diferenciar lo que es importante y lo que no lo es. Descubrí que era más fuerte de lo que pensaba.

Si te desenfocas de lo que es verdaderamente importante en ésta carrera, que es la música, tu vida en esto va a ser bien corta. El principio del fin es cuando te crees tu propia biografía. Esto sube, baja, coge a la izquierda, a la derecha, da reversa. ¡Eso lo hace interesante y divertido! Lo incierto.

Hay gente que no soporta la incertidumbre. A mí me encanta. Yo odio la rutina y saber exactamente qué va a pasar. Ese frío, ese sustito que te da en el estómago cuando te enfrentas a algo nuevo, es una de las emociones que más disfruto. Yo digo que soy un poco masoquista. Antes de pararme en el escenario tengo el corazón que se me sale del pecho. Cuando saco un disco y el público escucha las canciones por primera vez, todo eso me quita la respiración. En cierta medida es una especie de pánico que es cierto y tangible. No es verdad que te vas a sentar tranquilo a esperar. Ese susto es un mariposeo, como cuando te montas en las ruedas grandotas en los parques de diversiones y ya vas a bajar, y sientes como una muerte chiquita. Así es esto.

Pero es parte de la emoción de lo que hacemos. Eso, y empezar de cero. Yo entro a un estudio a grabar y es de cero. Página en blanco. Nada de lo que hice antes está ahí. Ahí está la primera nota, el primer acorde, la primera toma.

Las páginas en blanco me gustan. Es la reinvención. El reto de ahora en adelante, con lecciones aprendidas y sin el peso del pasado. Con el extracto positivo de lo que han sido las experiencias anteriores, con la sabiduría pero no con el peso.

Es algo que se extiende a todo lo que hago. Me encanta ir a sitios donde la gente no me conoce, y que me vayan descubriendo. Es la frescura de lo nuevo. Es abrir un regalo que te da la vida. Es el mudar la piel por una nueva.

Yo creo que cuando uno vive un momento oscuro es como una oruga. Hay un tiempo y espacio donde te detienes y sientes que te mueres, pero de pronto emerges como criatura nueva. La metamorfosis.

El tatuaje que llevo —el único tatuaje que tengo— refleja esto.

Había sido muy reacia a tatuarme. Pero un dia cambié de parecer.

¿Y dónde me lo hacía? ¿Escondido o visible? ¡Se tenía que ver! Y sería significativo para mí, algo que llevaría en mi cuerpo para siempre. Un nombre? No. Lo único que con certeza estaría conmigo hasta el último día de mi vida era y es la pasión. Es el fuego en el corazón. Y eso mismo fue. Un corazón sencillo, con una llamita encima. Llevo la pasión tatuada en mi cuerpo... y en el alma.

Para mí, la musica nace y se hace con pasión. En el escenario, el estudio, en la soledad o en la compañía de los que vibran en la misma frecuencia cuando se compone una canción.

Cuando grabo, necesito sentir. Si no siento, no grabo. Hay días así, peco muy pocos, por suerte. Por eso, me tomo mi tiempo para entregar un disco. La música merece que yo esté 200 por ciento presente, concentrada, dispuesta y entregada a lo que voy a hacer. Para mí, ese es el disfrute. Es el único momento en que las canciones son mías, cuando puedo cerrar los ojos y viajar hacia adentro.

¿A dónde va la música después de que la entrego? No lo sé. No lo controlo. Y he aprendido que es mejor así. Pero de que yo disfruto el proceso, no cabe la menor duda; cada detalle, cada paso, cada persona nueva que conozco de la que puedo aprender y compartir mis experiencias, vivencias e ideas. Disfruto el camino, y las canciones, como los hijos, tendrán vida propia después que salgan de mis manos. Y buscarán dónde habitar.

Comparto experiencias con la esperanza de que ayuden a otros a no rendirse. Y si una canción o una historia de mi vida sirve para inspirar, valió la pena. El mundo cambia todos los días. Y la industria en la que me desarrollé me enseño que lo único seguro en nuestro oficio es el cambio. Nada es como antes. ¡Y qué bueno! Malo sería que se quedara igual.

Ahora todo es accesible. Antes no. El Internet te da la posibilidad de alcanzar espacios y lugares insospechados. Es emocionante experimentar. Esta nueva tecnología ha sido caótica en muchos aspectos, porque aún nos estamos ajustando a este nuevo orden; todavía estamos tratando de descifrarlo. Pero las ventajas son, a mi modo de verlo, muchas más que las desventajas. Y es la nueva realidad. Llegó para quedarse.

Hoy, lo vivencial, creativo y emocional encuentra un foro abierto. La distancia no existe, no hay barreras físicas que me impidan convivir con gente que está lejos. Puedo prender la computadora y compartir como si estuvieran en la sala de mi casa. Es otra dinámica de comunicación y me parece fascinante.

Además, nunca voy a estar sola. Gracias a las redes, puedo aparecerme a las tres de la mañana, cuatro de la mañana e inmediatamente hay alguien ahí conmigo. Muchas veces no sé quién es, pero eso lo hace aún más bonito. Aunque me encuentre en la habitación de un hotel, en cualquier lugar del mundo, nunca estaré sola.

Una carrera larga, no es la regla. Pero yo he pasado por todas mis etapas de vida, de niña a adolescente, a adulta, en lo que ha sido una trayectoria musical sin pausa.

Y continúo. Me gusta lo que me gusta y me mueve lo que me mueve. Soy fiel a mi verdad. Tengo aversión a los estereotipos y soy una fanática de la atemporalidad. Nunca me he ceñido a las normas de lo que debo o tengo que hacer por adecuarme a una edad específica. En ese sentido me considero un alma completamente libre.

De jovencita era muy conservadora, pero tenía una rebelde dormida adentro. Y la dejé salir bien rápido. No la rebelde sin causa. O la de las drogas y el alcohol. Pero sí siendo yo, vistiéndome como yo quería, grabando lo que me apasionaba, siendo completamente libre en el escenario.

Y lo sigo siendo hoy. Rebelde conta los esteriotipos, atemporal con mi filosofía de vida y libre para escoger mi propio destino.

Las historias que canto no son necesariamente personales. Si hablara sólo de mis vivencias, me sentiría limitada. Canto sobre las emociones, situaciones de la vida cotidiana y eso es lo que me da la libertad de conectarme con una jovencita de dieciséis años que me ve por primera vez. Y con su mamá. O su hermano. O su papá. Porque en realidad son emociones humanas. Y la pasión por la vida se siente desde bien temprano. Mientras estemos vivos, habrá encuentros y desencuentros con el amor. De eso se trata.

Porque no se trata de mí solamente; se trata de las canciones y la música. Sí, entiendo que soy quien se las trae a sus vidas y las cuento con el alma. Y entiendo que debe existir magia en la combinación del el mensaje y el mensajero. Pero hay algo más. Hay una misión: la conexión hacia afuera. Eso es lo que busco. Y cuando sucede, cuando mis «hijos» dejan de ser míos y encuentran su lugar en el corazón de alguien que se identifica, misión cumplida.

Sin duda, hay canciones que tienen que ver conmigo, pero me las he reservado. Alguna vez he cantado historias que con el tiempo se han hecho realidad para mí. Y seguirá sucediendo, mientras viva.

Éste análisis lo hice a mitad de carrera, cuando empecé a tomar las decisiones y dirección de mi repertorio; cuando las compañías me empezaron a dar esa licencia, porque había probado con creces que tenía la capacidad. Yo era más visceral que analítica, y sigo siéndolo. La canción me tiene que mover el piso. Si va a «pegar» o no, no lo sé.

Esto es una lotería. Yo soy obsesiva con la música. Siempre lo fui. Y nunca me despego de ella. Me gusta oír cosas nuevas y aprender. Tengo una hija a la que le fascina la música. Compartimos esa pasión

Es la cómplice que vibra de la misma forma que yo. Yo la entiendo, y ella me entiende, y qué importante es que no se requiera explicación.

Cuando me presento en una fiesta patronal, en medio de la plaza de algún pueblo me lo gozo igual que si estuviera en el Coliseo. Es el mismo estado de ánimo porque me fascina lo que hago. Mucha gente pierde eso. Y si lo pierdes, ya nada es igual. Conozco a muchas personas que se preguntan por qué no triunfan. Hablas con ellos diez minutos y son siete quejándose. Ésto no es fácil, la vida no es fácil. Y esta carrera requiere que mantengas la energía positiva. Hay que ser perseverante y si no eres feliz, si no te gusta, si te molesta la falta de reconocimiento, dedícate a otra cosa, porque la energía que se necesita para hacer música es una energía vital y abierta que mira mucho más allá del éxito inmediato.

Todo esto lo siento con más urgencia ahora. La gran lección es que el tiempo se invierte, no se pierde. Que cada día es esa página en blanco que tanto me gusta, que las opciones son regalos, que tengo muchas y quiero hacerlas todas.

Hago lo que hago con pasión, y siempre y cuando a la gente le guste, lo sigo haciendo. ¿Dejar de cantar? Ese momento no ha llegado. Mi música me mantiene viva, interesada entusiasmada, emocionada.

Además, vivo un momento en el que no le tengo que consultar a nadie. Vivo para lo que me hace feliz —que es hacer feliz a los demás—, pero no por obligación, sino por pasión y voluntad. Hoy puedo decir «no» sin sentimiento de culpa. Y decir «sí» también. Y lo digo con toda la humildad del mundo. Tengo el poder absoluto sobre mis decisiones y lo que quiero.

Qué mejor ejemplo que este libro. No creo que lo pudiese haber escrito mientras viviera mi papá. Compartí muchas cosas con mis padres, pero aquí comparto pensamientos y vivencias que no había comentado antes, que quizás ellos intuían, pero que nunca se las conté por temor a hacerlos sufrir.

Qué dirán mis hermanos, no lo sé, aunque mi hermano Alberto sabe todo de mi vida: siempre hay que tener un confidente.

Pero estoy bien, estoy en paz, estoy lista para compartir mi vida y puedo contar todo lo que sucedió con toda libertad y tranquilidad.

30

Y SEGUÍ CANTANDO...

MIAMI, 5 DE JUNIO DE 2016.

Vengo exhausta. La noche anterior canté en Orlando como parte de mi gira «Intensamente... Ednita». Esta noche canto aquí en Miami, y ha sido una noche larga de concierto y viaje.

He tratado de seguir mi rutina: me desperté tarde hoy, lo más tarde que pude dado que el show empieza temprano, a las siete de la noche. Pero aun así, admito que me siento un poco cansada.

Hace menos de un mes tuve un accidente ridículo pero aparatoso. La noche antes de la celebración del Día de las Madres, sufrí una caída desde una plataforma de aterrizaje del helicóptero que me traía de vuelta luego de realizar un concierto benéfico en San Germán. Caí de espaldas al pavimento desde una altura de casi dos o tres pies. Logré girarme para no darme en la cabeza, y todo el impacto lo recibí en el brazo derecho. Se me dislocó y fracturó el radio, y se me rompieron los tendones del codo, y tuve que someterme a una operación de emergencia.

De pronto, todo cambia. Un segundo trastoca todo el orden y funcionamiento de la vida.

Tenía mi mes perfecta y milimétricamente planeado. Iba a empezar mi gira en Estados Unidos, y el 12 de junio sería la madrina del desfile puertorriqueño en Nueva York.

En cambio, me encontré en cama, incapacitada y sufriendo del dolor más intenso que he padecido en mi vida.

¿Qué hacer? ¿Cancelar los conciertos? ¿Cancelar mi participación en el desfile? No podía ni levantar el brazo sin que las punzadas de dolor me atravesaran hasta las entrañas.

Lo pensamos. Como por un segundo. Pero no. En todos estos años nunca había cancelado una presentación, a pesar de haberme encontrado en situaciones aún más dolorosas, quizás no físicamente, pero ciertamente en términos emocionales.

¿Cancelar? Ni muerta.

Me levanté de la cama, comencé a hacer terapia intensamente, y aquí estoy.

Admito que no estoy al cien por ciento. Levantar el brazo derecho, con el cual gesticulo, es una especie de tortura, pero nadie lo diría.

Hoy me desperté cansada pero alerta y después de un desayuno completo —porque sé que no volveré a comer hasta la noche— me dirijo hacia el teatro. Me presentaré esta noche en el Knight Concert Hall en el bellísimo Adrienne Arsht Center, el elegante centro de conciertos que también es sede de orquestas sinfónicas.

Nunca he cantado aquí, y llego temprano para familiarizarme con la sala, con su escenario, sus luces, su acústica, sus secretos. Estoy sola pero aun así siento la energía y algo se mueve dentro de lo más profundo de mí, una especie de luz brillante que me recorre el cuerpo y, todavía, después de tanto tiempo, me quita el aliento. No me deja de sorprender que siempre es igual, que no importa cuántas veces cante, cada noche es como la primera vez.

Cuando llegan mis músicos hacemos la prueba de sonido y mientras tocan, camino hasta el último balcón del teatro y escucho atenta. La acústica es excepcional. Podría soltar el micrófono y aun así se me escucharía la voz. «Divino», pienso. Porque después de todo, estoy aquí para cantar. El codo lo puedo tener destrozado, pero la voz no.

A las cinco me empiezan a maquillar, empezando por la pesada base a prueba de agua que es la única que resiste el imparable sudor que genero cuando canto.

Y, como siempre, cuando llegan a mis labios, yo tomo la batuta y me los delineo yo misma. Mis labios son mi manía. Me los pinto yo, y sólo yo, porque mi boca es mi instrumento, mi canal de comunicación, y en las noches de concierto yo la visto como quiero. Hoy es un rosado encendido que contrasta con mi blusa y chaqueta negras, roquera, como lo son mis jeans apretados, bien apretados, pero llenos de huecos.

Me miro al espejo y me veo, y me siento hermosa y segura de mí misma y siento que esta noche va a ser especial.

Me quedo sola en el camerino por unos instantes, ni siquiera dejo que Caro se quede conmigo en los minutos antes de salir a cantar. Miro mis eternas rosas blancas, el espíritu de mi mami que hoy está conmigo, como todas las noches, y prendo una vela al Niño de Praga. Cierro los ojos por unos segundos y doy las gracias porque aquí estoy, tan ilusionada como cuando primero pisé el escenario del Teatro La Perla décadas atrás.

—*Miss Nazario, five minutes* —escucho decir fuera de mi camerino al director del teatro.

—*I'm ready* —le digo. Estoy lista.

Lo sigo hasta el borde del escenario y mis músicos empiezan a tocar. Desde mi lugar alcanzo a ver al público y, por instinto, por hábito, mis ojos buscan a mi padre, que hubiese estado allí en primera fila, tan orgulloso de ver a su hija a punto de debutar en el centro de conciertos más prestigioso de la ciudad de Miami. No lo veo, pero lo siento casi físicamente siento su mano firme y cálida sobre mi brazo derecho, y así, como por obra de magia, siento que el dolor se desvanece y que le regresa la movilidad a mi pobre extremidad maltrecha.

Desde mi rinconcito oscuro tras bambalinas miro otra vez al público y veo a una nueva generación que me espera: mi nuevo má-nager, Bruno; el presidente de mi disquera, Nir Seroussi; mis amigos y por supuesto, Caro, mi ángel, mi razón de ser. Hoy habrá una sor-presa que no se esperan. Invité a Tommy Torres a cantar conmigo.

Siento ese cosquilleo en el estómago y el corazón se me acelera con anticipación cuando escucho los acordes que señalan el momento de mi salida.

Respiro profundo, y salgo a cantar.

POSDATA

A la hora de terminar de escribir este libro, recibí la maravillosa noticia de que la Academia De la Grabación Latina, LARAS, me reconocería con el premio a la Excelencia Musical por mi trayectoria en la música. Mi «Lifetime Achievement Award» justo al terminar de colocar mi historia sobre papel. Qué gran honor Una vida dedicada a la música. ¡UNA VIDA!

¡Que venga la próxima parte! *I'm ready!* ¡Estoy lista!
ROCK ON, BABY!

ACERCA DE LAS AUTORAS

Ednita Nazario nació en Ponce, Puerto Rico e inició su carrera musical a la tierna edad de los seis años y ha continuado este viaje con numerosos álbumes Platino, Oro y Top Ten, tanto en el mercado nacional como en el codiciado mercado internacional. Ha realizado largos tours por los Estados Unidos, América Latina y Europa. Nazario ha sido galardonada con importantes distinciones como los Billboard Awards y nominaciones a los Grammy, el premio ASCAP al Artista Más Influyente y Excelente, el Premio Música en su Puerto Rico natal, entre otros. Nazario apareció en Broadway en *The Capeman* de Paul Simon, lo que le valió un Theatre World Award y una nominación del Drama Desk Awards. En 2016 recibió el Lifetime Achievement Award en los prestigiosos Grammys Latinos por el total de su obra y su excelencia en la industria musical.

La periodista **Leila Cobo** es directora ejecutiva de contenido y programación latina para *Billboard*. También pianista clásica y novelista, ha entrevistado a Ednita Nazario por más de una década.